A
ESCOLHA
DO MAGNÍFICO

Reinaldo Oliveira

A
ESCOLHA
DO MAGNÍFICO

Cuiabá, MT
Edição Autor
2019

Contato com o autor pelo e-mail:
reicarlo@zipmail.com.br.

CIP-Brasil Catalogação na Publicação
Ficha Catalográfica feita pelo autor

O48e
     Oliveira, Reinaldo

       A escolha do magnífico / Reinaldo Oliveira. Cuiabá, MT: Edição Autor.
116 p.; 21 cm.

       ISBN 978-85-917595-9-0

       1. Direito constitucional e administrativo. 2. Administração Pública. 3. Universidade. 4. Autarquia. 5. Fundação. 6. Administração universitária. 7. Autonomia. 8. Democracia. 9. Processo decisório. 10. Participação paritária. 11. Escolha de dirigente. I. Título.

                             CDD 378.055.81
                             CDU 378(81)

SUMÁRIO

INTRODUÇÃO

Nas universidades públicas federais, a questão da democratização da gestão universitária engloba o problema da escolha dos dirigentes universitários que se apresenta com enorme relevância, não só pelas contradições que encerra, mas também pelos intermináveis debates que se tem provocado no âmbito das organizações universitárias e nos organismos sociais envolvidos com as instituições federais de ensino superior, tais como: o Governo Federal, os sindicatos de servidores docentes e técnico-administrativos, assim como, de associações de estudantes e de dirigentes universitários.

Neste contexto, o problema da escolha dos dirigentes universitários têm sido um dos mais significativos no debate nacional sobre a questão da autonomia das universidades públicas federais. Longe de estar plenamente solucionado, indica um longo percurso de árduas discussões acadêmicas. Surge daí a necessidade de investigar e refletir sobre o vigente sistema de escolha dos dirigentes universitários, com a preocupação de compreender e avaliar a sua importância para o processo de democratização da universidade, à luz das tensões históricas e das atuais políticas para a educação superior pública.

A universidade pode ser descrita como uma instituição onde se busca o saber como algo que se tem de conquistar e adquirir com esforço, mediante hábitos intelectuais constantes de processos de aprendizagem e pesquisa. Como uma instituição organizada com vista à aquisição do saber, possui caráter social, na medida que, o saber produzido e organizado é repassado para a sociedade na qual está inserida. Por isso, a sua própria organização pressupõe a existência de normas de procedimento e convivência adequadas à efetivação das suas finalidades.

As universidades públicas federais brasileiras caracterizam-se como instituições de ensino superior constituídas de unidades de ensino, criadas e mantidas pelo Governo Federal. São entidades pluridisciplinares voltadas para a especialização profissional e científica, cuja função é garantir a conservação e o progresso dos diversos ramos do conhecimento, através do desenvolvimento de atividades relacionadas com o ensino, a pesquisa e a extensão universitária.

As universidades públicas federais são instituições sociais de extrema importância na produção do conhecimento e na promoção do debate buscando soluções para os grandes problemas que afligem o país na atualidade. O seu compromisso social relaciona-se com a busca de soluções adaptáveis à realidade, atuando ativamente na conjuntura através da prestação de serviços de forma integrada aos esforços para o desenvolvimento nacional.

A literatura sobre as universidades públicas federais brasileiras têm-se voltado para questões relacionadas com os meios, finalidades, estruturas organizacionais formais, autonomia e controles dos recursos humanos, materiais e financeiros. Raramente têm versado sobre a estrutura organizacional universitária sob o aspecto dos processos que regulam a participação, a representação política e a operacionalização da escolha dos dirigentes universitários. Daí, entende-se como sendo importante um trabalho de investigação que se preocupe e reflita sobre o sistema de escolhas dos dirigentes das universidades públicas federais brasileiras.

No estudo tenta-se identificar e interpretar o sistema de escolha dos dirigentes universitários, pelo qual são escolhidos os ocupantes dos principais cargos da estrutura organizacional universitária, averiguando como se dá a distribuição dos níveis de autoridade e a participação dos segmentos universitários no processo decisório no âmbito da universidade. Discute-se as mudanças restritivas operadas na forma de composição dos órgãos colegiados deliberativos e no sistema de escolha dos dirigentes universitários pelas Leis nºs 9.192/95 e 9.394/96.

A preocupação maior é basicamente refletir sobre o impacto causado pelas disposições legais restritivas do sistema de escolha dos dirigentes universitários. A reflexão sobre a participação dos segmentos universitários no processo de democratização interna da universidade permitirá que se tenha uma maior clareza sobre as deformações e contradições existentes, a partir dos discursos oficiais consubstanciados nas normas legais e regulamentares vigentes.

No estudo da estrutura organizacional das universidades públicas federais, o objetivo é refletir sobre a composição e as atribuições dos diversos órgãos executivos e colegiados deliberativos existentes na instituição universitária, procurando compreender o processo decisório universitário para responder às seguintes questões: como se dá a distribuição dos níveis de autoridade na universidade? Quem decide? Sobre o que e como decide?

O sistema de escolha dos dirigentes universitários permite que o dirigente eleito para ocupar um determinado cargo executivo, atue também em um ou mais órgãos colegiados deliberativos sem necessidade de nova eleição específica para tal, acumulando, assim, dois ou mais cargos e exercendo de forma paralela funções executivas com representações nos órgãos colegiados deliberativos.

Partindo do pressuposto de que só existirá efetivamente participação democrática na universidade quando os diferentes segmentos universitários tiverem a oportunidade não só de discutir, mas também de decidir em igualdade de condições sobre os destinos da instituição universitária em seus diferentes aspectos, indaga-se: a acumulação de dois ou mais cargos e de funções executivas com representações nos colegiados deliberativos por uma única pessoa contribui para a centralização do processo decisório na universidade?

Desde a década de oitenta as universidades públicas federais vinham realizando consultas prévias para escolha dos seus dirigentes com a participação paritária dos segmentos integrantes da organização universitária. A Lei nº 9.192/95 determinou que na consulta prévia para elaboração de lista tríplice para a escolha do reitor e vice-reitor prevalecesse o peso de setenta por cento para a manifestação dos servidores docentes em relação à dos demais segmentos universitários. Essa lei trouxe conseqüências para a participação dos segmentos dos servidores técnico-administrativos e dos estudantes nas consultas prévias para a elaboração das listas tríplices?

O desenvolvimento do trabalho, além de focalizar o processo das consultas prévias, baseia-se na pesquisa documental e bibliográfica da literatura sobre a educação superior brasileira, bem como na legislação reguladora das universidades públicas federais, principalmente dos discursos institucionais contidos nos estatutos e regimentos gerais que simbolizam as representações coletivas dos segmentos universitários na organização política-administrativa das referidas universidades. A partir das informações obtidas, discorre-se sobre as universidades públicas federais, autonomia universitária, organização das instâncias decisórias e participação dos segmentos integrantes da organização universitária no processo decisório universitário.

Em suma, o trabalho consiste numa abordagem do sistema de escolha dos dirigentes universitários a partir das diretrizes e normas originadas da legislação educacional federal e dos estatutos e regimentos gerais universitários. Foram analisadas questões relacionadas com participação, representação e processo de consultas prévias nas universidades públicas federais para identificar os procedimentos dominantes, os agentes e agências decisivas.

A análise dos estatutos e regimentos gerais abrangeu o universo de vinte e nove universidades públicas federais brasileiras, porém, como exemplos foram escolhidas as universidades localizadas no Estado do Rio de Janeiro, quais sejam: Universidade Federal Fluminense-UFF, Universidade Federal do Rio de Janeiro-UFRJ e Universidade Federal Rural do Rio de Janeiro-UFRRJ. Essas instituições, pelas suas produções acadêmicas e qualidade do ensino que ministram, constituem uma boa amostra do universo das universidades públicas federais brasileiras.

Nas três universidades supracitadas, além dos estatutos e regimentos gerais, foram analisados outros documentos relacionados com o sistema de escolha dos dirigentes universitários, produzidos internamente por cada uma delas, como por exemplo, as normas internas reguladoras do processo operacional das consultas prévias.

O tema é reconhecidamente importante para as universidades públicas federais e também para a realidade política da educação nacional. Embora seja bastante amplo, acredita-se que atinge o objetivo acadêmico proposto, qual seja, discutir o vigente sistema de escolha dos dirigentes das universidades públicas federais brasileiras. Para tanto, o trabalho de investigação situa-se no nível de uma ampla análise da estrutura organizacional da universidade, procurando ressaltar a forma pela qual o Estado legisla e organiza o ensino no país, assim como, as formas adotadas pelo ensino superior público federal para adequar-se às exigências normativas no que se refere à distribuição da autoridade no âmbito universitário.

O estudo foi desenvolvido ao longo de quatro capítulos. No primeiro, para situar o tema, discorre-se sinteticamente sobre as universidades públicas federais, seus aspectos históricos, suas características organizacionais, suas relações com o Estado e com a sociedade, funções sociais e perspectivas na atualidade.

No segundo capítulo, ainda com mesmo objetivo, trata-se da questão da autonomia das universidades públicas federais, discorrendo sobre a sua importância, as dificuldades operacionais de sua efetivação e dos seus limites e possibilidades em face da legislação brasileira vigente.

No terceiro capítulo, o estudo aprofunda-se ao discorrer a respeito das instâncias decisórias universitárias, a partir da análise da estrutura organizacional universitária. Trata-se do processo decisório, organização e participação dos segmentos universitários e da prática da democracia no âmbito da universidade. Descreve-se as características constitutivas e as atribuições dos diferentes órgãos das universidades públicas federais e verifica-se como se processa a distribuição dos níveis de autoridade.

No quarto capítulo, cerne do estudo, analisa se o sistema de escolha dos dirigentes universitários desvelando o processo de consultas prévias que antecedem a elaboração das listas tríplices, de onde serão escolhidos os nomes daqueles que serão nomeados dirigentes. Discorre-se sobre a forma pela qual os órgãos executivos e colegiados deliberativos são compostos, a acumulação de representações e recondução de dirigentes e atuação dos segmentos universitários na luta pela democratização da universidade.

Por fim, retoma-se o objeto do estudo em seus aspectos gerais para relembrar alguns pontos importantes, apresenta-se algumas das conclusões a que chegou-se durante o desenvolvimento do trabalho e sugere-se alguns caminhos para tornar as universidades públicas federais em organizações com participação um pouco mais democrática. A princípio, os caminhos sugeridos podem até parecerem impossíveis, porém, acredita-se que com a luta dos segmentos universitários para a transformação da universidade numa instituição mais democrática, a democratização da gestão universitária talvez possa viabilizar-se.

Capítulo 1

AS UNIVERSIDADES PÚBLICAS FEDERAIS BRASILEIRAS

No presente capítulo, com o objetivo de situar o tema a ser desenvolvido, discorre-se sinteticamente sobre a universidade pública federal brasileira, seu regime jurídico, sua relação com Estado, bem como, sobre as suas perspectivas de mudança no contexto social brasileiro.

A instituição universitária, embora tenha existência contada por séculos nos mais distintos países, ainda não possui e dificilmente possuirá um único significado. As suas funções também são múltiplas, pois ajustam-se à realidade contextual em tempo e espaços distintos. De qualquer forma, a universidade tem preservado ao longo do tempo a função primordial de produtora e disseminadora do saber, ocupando importante lugar nas sociedades nas quais se insere.

A legitimação da universidade de liga-se a processos de produção e de transformação social. Por isso, o estudo da sua constituição organizacional implica em revelar os mecanismos de poder com os quais convive. Ao longo da sua história, em alguns momentos, foi dependente do Estado ou fez parte de algum projeto visando a sua manutenção, como na época de Napoleão Bonaparte, quando perdeu a autonomia e submeteu-se ao autoritarismo estatal. Ainda hoje, algumas universidades trazem consigo resquícios do modelo napoleônico.

Como instituição medieval que sobreviveu, adaptou-se e prosperou na sociedade moderna, a universidade propõe a ser uma entidade dedicada à produção e disseminação do saber, bem como um centro de ensino e pesquisa. É, portanto, uma organização estabelecida em função do desenvolvimento do conhecimento, com hierarquias integradas por servidores docentes e técnico-administrativos e dos estudantes.

1.1 - ALGUNS ASPECTOS HISTÓRICOS DA UNIVERSIDADE NO MUNDO

Pela análise da evolução histórica da universidade, a Idade Média é identificada como a época em que foram dados os primeiros passos na sua estruturação. Até então, tinham existido apenas estabelecimentos de ensino público, como as escolas de Atenas, Alexandria e as criadas pelos romanos por influência da cultura grega, mas sem distingui-las como instituições de ensino superior destacadas de outros processos de ensino e aprendizagem. Na sua concepção moderna, o vocábulo universidade foi usado pela primeira vez no final do século XII, nos estatutos da então fundada universidade de Oxford. Ao que parece, de lá para cá, ocorreu a transformação do significado até que se chegasse à sua atual concepção. (MARTINS FILHO, 1980, p. 23).

> *"No século XII, um conjunto de esforços intelectuais — editando, coletando, sistema-tizado — culminou com o estabelecimento do studia generalia por grupos de estudiosos. [....] Os dois centros que se tornaram modelos para as fundações posteriores, por mérito de sua considerável distinção, foram Paris e Bolonha; mas a eles se sucederam, rapidamente, muitos outros desde a Espanha, de um lado, até a Polônia e Boêmia, de outro. Os professores em Paris e os estudantes em Bolonha acharam vantajoso se agrupar numa corporação legal, e consequentemente adotaram o termo universitas; um termo que podia ser usado por qualquer espécie de associação legal; por volta do fim da Idade Média, ele já estava começando a ser restrito ao que denominamos agora universidades".*
> (MINOGUE, 1981, p. 15).

Na Idade Média, as corporações educativas eram estruturadas com base em princípios de unidade e solidariedade, possuindo direitos e obrigações definidos em seus próprios estatutos e denominadas de *universitas*. Na medida que foram adquirindo prestígio, essas organizações culturais ampliaram-se, favorecidas pelo incremento do comércio e da navegação, chegando a reunir enormes contingentes de estudantes estrangeiros. Embora se destinassem ao estudo de determinadas especialidades, o cosmopolismo decorrente do grande número de estudantes desses centros de estudo distinguia e dava sentido ao vocábulo *universitas*. Isso aconteceu na escola de Salerno, destinada ao estudo da medicina, de Paris, destinada ao estudo da teologia e na escola de

Bolonha, dedicada ao ensino da jurisprudência. (MARTINS FILHO, 1980, p. 23).

Em decorrência do tipo de organização social e política existente na Idade Média, dos quais se originaram, as universidades medievais anteciparam-se à sistemática descentralizadora da política e da administração pública traçadas pelo Estado contemporâneo, mediante o desenvolvimento das idéias institucionais do direito estatal.

A primeira universidade portuguesa foi fundada no final do século XIII, porém, somente no século XVIII, com a reforma da Universidade de Coimbra, a educação passou a receber maior atenção do Estado de português. (REIS, 1991, p. 376; MARTINS FILHO, 1980, p. 24). Talvez isso possa explicar o fato da demora no surgimento da primeira universidade no Brasil, impedindo, com isso, que a formação cultural brasileira recebesse influência das universidades.

Enquanto a universidade se espalhava por todo o continente europeu, aportou também nas Américas, através dos conquistadores espanhóis. No início do século XVI, em 1538, surgiu em Santo Domingo, no Caribe, a primeira universidade inspirada no modelo de Salamanca e até fins do século XVII haviam mais de uma dezena de instituições públicas e católicas no continente americano. Já a primeira universidade da América do Norte foi a de Havard, criada em 1636 pelos colonizadores norte-americanos, nos moldes dos colégios ingleses. (LIMONGI, 2000, p. 31; TRINDADE, 2000, p. 123).

Ao longo da sua história, a instituição universitária passou por quatro períodos evolutivos. No primeiro, que vai do século XII até o renascimento, deu-se a sua invenção, ocorrida na Idade Média. Caracterizava-se pelo espírito de unidade cultural e de vida comunitária entre os discípulos e seus mestres. Constituída no modelo tradicional a partir das experiências precursoras de Paris e Bolonha, a universidade, sob a proteção da Igreja, foi implantada em toda a Europa. No segundo período, iniciado no século XV, a universidade renascentista recebeu o impacto das transformações comerciais do capitalismo, sofrendo os efeitos da Reforma e da Contrarreforma. A universidade da época renascentista surgiu como instituição independente, desligada de outras instituições e mantendo apenas relações de vizinhança com a sociedade existente à sua volta. Era uma universidade de cunho liberal, voltada para si mesma e que não possuía hierarquia de valores. O terceiro, que vai do século XVII ao XVIII, foi marcado por várias descobertas científicas nos mais diversos campos do saber. Durante o iluminismo, a universidade, em transição para os novos modelos, começou a institucionalizar a ciência. No quarto, que teve início no século XIX e se desdobra até hoje, foi implantada a universidade estatal moderna com as suas principais variantes institucionais, estabelecendo nova relação entre a o universidade e o Estado. Somente a universidade contemporânea mostra-se precipuamente social, com fundamentos e base culturais de caráter humanístico e voltada para o desenvolvimento tecnológico. (TRINDADE, 2000, p. 122; MARTINS FILHO,1980, p. 24).

Na Idade Média, o serviço universitário resumia-se na guarda e preservação dos preciosos bens culturais. Na época moderna, constitui-se no desenvolvimento do ensino, da cultura e da pesquisa. Por sua natureza social, é passível de proteção e apoio do Estado. O que os destingue de outros serviços estatais que dizem respeito à administração da coisa pública, é que os serviços universitários ampliaram os seus objetivos na direção da produção e da disseminação do saber.

A história das universidades, desde o século XII, mostra que elas surgiram institucionalmente de aglutinações espontâneas de organizações educacionais, com independência, inclusive na administração patrimonial. Na Idade Média, as universidades eram verdadeiras corporações que existiam independente da interferência do Estado. Talvez tenha surgido aí, o anseio de liberdade acadêmica que o instituto da autonomia universitária procura consagrar nos dias atuais como uma conquista histórica tradicional.

A própria evolução da universidade através dos tempos impôs a ela a sua natureza institucional pela qual pudesse pretender o exercício de sua função produtora e divulgadora de conhecimentos educativos e culturais.

Na análise da evolução histórica da instituição universitária, observa-se que as suas características mais distintas apresentaram-se de forma mais destacada nos períodos em que a sua organização e reestruturação do basearam-se numa autonomia ampla de caráter econômico-financeiro, sócio-cultural e político.

1.2 - A UNIVERSIDADE BRASILEIRA

A universidade é relativamente recente no Brasil se comparada com as similares estrangeiras, cujo período existência se conta a séculos. Isso possivelmente decorre das peculiaridades da colonização portuguesa que levou o Brasil a atravessar toda sua fase colonial sem a existência de universidades.

A história da educação superior no Brasil começou com o surgimento de estabelecimentos isolados de ensino consubstanciados nas unidades de ensino denominadas escolas, faculdades e institutos. Já a primeira universidade efetivamente instituída no Brasil foi a Universidade do Rio de Janeiro, criada em 1920 pelo Decreto nº 14.343/20, mediante a aglutinação de estabelecimentos de ensino superior então existentes no Rio de Janeiro: Faculdade de Medicina, Escola Politécnica e Faculdade de Direito.

Mesmo tendo sido criada com o pretexto de dar o título de doutor *honoris causa* ao Rei Alberto da Bélgica, em 1920, a primeira universidade do Brasil baseou-se, inicialmente, nos mesmos objetivos imaginados pelo Marquês de Pombal e que já haviam sido concretizados pelos cursos superiores brasileiros, no século XIX.

Ao organizar o ensino superior brasileiro, a reforma Francisco Campos de 1931, adotou o sistema universitário, dando nova ênfase àquele. Essa reforma proporcionou um grande avanço do ensino superior em relação ao estágio em que se encontrava até então. As recém-criadas universidades respondiam à uma visão que as vinculavam à transformação cultural, social e econômica, incentivando o processo de desenvolvimento do país. Com a criação do Ministério da Educação e a promulgação do Estatuto das Universidades Brasileiras, surgiram condições propícias para a propagação do ensino universitário no território brasileiro. A partir daí, inicia-se efetivamente a implantação das universidades brasileiras.

A análise dos textos das normas legais vigentes no período de 1930 a 1945, primeira fase evolutiva da universidade brasileira, permite concluir que o ensino universitário baseava-se, em grande parte, numa cultura ornamental de formação bacharelesca e literária. A organização pedagógica que se apoiava em uma rígida burocracia educacional, era orientada para a formação de padrões uniformes de profissionais, nas diversas especialidades do conhecimento. As universidades públicas federais sugiram dentro desta concepção de sistema educacional.

> *"A mais longa discussão da questão da educação em nível nacional que já ocorreu neste país foi o debate sobre a Lei de Diretrizes e Bases. Começou em 1948, quando já se discutia o Projeto Mariani; incendiou-se a questão com o Substitutivo Lacerda; não se concluiu a polêmica com a promulgação da lei 4.024 em dezembro de 1961. O debate assumiu um papel questionador até 1964, quando ocorreu, com o golpe de Estado, o verdadeiro 'cala boca' nacional. A grande confrontação, na discussão da LDB, estabeleceu-se entre os privatistas do ensino e os educadores que defendiam a escola pública, gratuita e laica. [....] A LDB terminou sendo uma conciliação dos projetos Mariani e Lacerda".* (CUNHA e GÓIS, 1985, p. 13-14).

Embora tenha se originado de um longo debate nacional, a lei de diretrizes e bases da educação nacional (Lei n° 4.024/61), por ser o resultado de uma tentativa de conciliar duas correntes ideológicas antagônicas, apresentou-se ambígua e contraditória por não trazer no seu bojo a reforma universitária democrática que há muito era reivindicada, decepcionou não somente os estudantes, mas também a sociedade organizada.

> *"O estudo da estrutura e do funcionamento do sistema educacional, baseado na LDB, revela que as ambiguidades e contradições da lei se materializaram e institucionalizaram também de forma ambígua e contraditória ao nível da sociedade civil. Ao mesmo tempo que favorecia o desenvolvimento do ensino particular, tornando a educação uma empresa lucrativa, a lei criou uma barreira que impedia o acesso das classes subalternas aos níveis superiores do ensino. [.....] Os interesses conflitantes do texto de lei desdobram assim na realidade educacional ao nível da sociedade civil, criando certos impasses nem sempre desejados mas previsíveis".* (FREITAG, 1980, p. 68-69).

A educação universitária teve na década de sessenta, o momento de sua maior radicalização ideológica, onde o confronto das posições de caráter democratizante do movimento estudantil liderado pela União Nacional dos Estudantes-UNE e pelos educadores defensores da escola pública e gratuita e as oriundas do Governo Federal chegou ao clímax. No período foi intensificada a elaboração dos acordos internacionais para a modernização do ensino superior, firmados entre o Ministério da Educação e a USAID(United State Agency for International Development), iniciados ainda na década anterior e desenvolvidos ao longo da década de sessenta.

> *"Os acordos MEC-USAID cobriram todo o espectro da educação nacional, isto é, o ensino primário, médio e superior, a articulação entre os diversos níveis, o treinamento de professores e a produção e veiculação de livros didáticos. Embora a modernização do ensino superior brasileiro na direção do modelo norte-americano tivesse se iniciado na segunda metade dos anos 40, ganhando força nos anos 50 e intensificando nos 60, as mudanças políticas resultantes do golpe de Estado de 1964 determinaram uma alteração qualitativa nesse processo".* (CUNHA e GÓIS, 1985, p. 33; CUNHA, 1988, p. 167)

A reforma universitária(Lei n° 5.540/68) realizada pela ditadura militar, incorporou muitas das propostas constantes do relatório Rudolf Atcon de 1966, como a criação de departamentos com extinção da cátedra, diversificação dos cursos profissionalizantes, implantação da docência em tempo integral e criação de cursos básicos e do conselho de reitores.

A reforma da universidade colocada em prática pela ditadura militar visava tornar a administração universitária mais racional para atender exigências da então vigente política desenvolvimentista, sem diminuir a rigidez organizacional, nem tampouco, ampliar a autonomia das universidades. Foi nada menos que uma resposta dada às reivindicações do movimento estudantil, que clamava pela democratização interna da universidade, com a participação estudantil nos órgãos colegiados e alteração da legislação violadora da autonomia universitária.

O relatório do GERES(Grupo Executivo para a Reformulação da Educação Superior), criado pelo Ministério da Educação em 1986 com o intuito de analisar o relatório da Comissão de Alto Nível criada no ano anterior para estudar a reformulação do ensino superior e propor mudança nas universidades públicas federais, provocou grande polêmica no seio dessas universidades. A polêmica decorreu não só do novo conceito de universidade que dava enorme importância aos centros de excelência em detrimento das instituições voltadas apenas para o ensino, mas também da possibilidade de existência de diferenças remuneratórias entre docentes, aprovação do estatuto jurídico dos servidores e centralização dos planos plurianuais no Governo Federal.

O processo de abertura política da sociedade brasileira iniciada na década de oitenta ainda não eliminou todos do autoritarismo estatal. Da mesma forma, as investidas neoliberais levadas a efeito com a implantação do plano real a partir de 1994, tem produzido novos desafios para a construção de uma universidade de maior participação democrática. A exemplo disso, cita-se o surgimento da Lei n° 9.192/95 que regulamentou a escolha dos dirigentes nas universidades públicas federais assegurando o peso de setenta por cento para servidores docentes, em detrimento dos servidores técnico-administrativos e dos estudantes.

Através da Proposta de Emenda Constitucional n° 370/96, o Governo Federal pretendia instituir um novo estatuto jurídico para a universidade, no qual ela seria uma entidade administrativa de regime especial, criada por lei e dotada de personalidade jurídica de direito público, com receitas e patrimônio próprio e autonomia para o desenvolvimento das atividades educacionais, científicas e culturais. Na proposta constava também, além do orçamento global, a criação de um fundo de desenvolvimento do ensino superior, o que causou enorme disputa política entre o Ministério da Educação e o da Fazenda, impedindo que a emenda constitucional fosse aprovada.

As atuais propostas estatais de reforma gerencial e administrativa visando a reorganização das universidades públicas federais, por basearem-se numa concepção empresarial da produção acadêmica, tende a se aproximar do conteúdo dos projetos governamentais autoritários, conservadores e tecnocráticos desenvolvidos no período da ditadura militar. Com um discurso aparentemente inovador, sem considerar autonomia universitária, procura implantar uma administração empresarial onde a eficiência da educação superior seja medida apenas por critérios racionais.

Paradoxalmente, a lei de diretrizes e bases da educação nacional (Lei nº 9.394/96), além de prescrever que a manutenção do superior público é dever do Estado, defende autonomia didática-científica, administrativa, de gestão financeira e patrimonial das universidades; gestão democrática com a existência de órgãos colegiados organizados, compostos majoritariamente por servidores docentes; e avaliação periódica de desempenho acadêmico.

1.3 - ORGANIZAÇÃO E OBJETIVOS DA UNIVERSIDADE PÚBLICA FEDERAL

A universidade, a princípio, seria uma instituição cujos membros buscariam o saber como algo que se tem de conquistar e adquirir com esforço mediante processos intelectuais de aprendizagem e pesquisa. Como uma instituição organizada com vista à aquisição e reprodução do saber, possui caráter social, na medida que, o saber produzido e adquirido é extraído dela e repassado para a sociedade na qual está inserida. Por isso, sua própria organização pressupõe a existência de normas de procedimento e convivência adequadas à efetivação das suas finalidades.

Em termos organizacionais, a universidade pública federal conjuga a administração por órgãos colegiados e por órgãos executivos numa estrutura organizacional onde tanto os órgãos executivos quanto os colegiados constituem-se em instâncias decisórias, nas quais são traçadas as estratégias de acordo com a natureza e a amplitude da ação acadêmica.

> *"A universidade brasileira aproxima-se bastante do 'modelo de organização burocrática': a hierarquia de autoridade existente entre seus componentes estruturais apresenta-se definida; a composição, atribuições e competências dos órgãos que a constituem são regulamentados por regras e normas específicas, e a divisão do trabalho, tanto de natureza administrativa como acadêmica, se processa com base na especialização e por área do conhecimento".* (VAHL, 1990, p. 109).

Como uma organização possuidora de personalidade jurídica própria, a universidade tem características burocráticas com uma esfera específica de competências, cargos hierarquizados e funções de caráter permanente previstas em normas reguladoras do seu trabalho institucional. Há pouca margem para diversificação de estruturas e liberdade acadêmica fora das restrições dos currículos mínimos.

A universidade pode ser descrita como instituição complexa de múltiplas atividades interdependentes de organização peculiar, definidas de forma clara e nos limites delineados pela cultura organizacional coerente com os objetivos universitários de produzir e disseminar o saber. Administrar essa instituição universitária que cresce e se torna cada vez mais complexa, exige novas formas imaginativas de administração num desafio crescente. Para desempenhar as atividades que lhes são inerentes, a organização universitária necessita interagir com a sociedade na qual encontra-se inserida.

Pensa-se, portanto, que a universidade tenha entre seus objetivos precípuos a geração e a difusão do conhecimento, usando como meios principais para tal, entre outros, o ensino e a pesquisa. Para atingir conseqüências práticas, o conhecimento gerado deve ser transferido e aplicado na sociedade. A formação profissional é uma das formas utilizadas pela universidade para a difusão de conhecimentos.

> *"A Universidade é a sociedade que se especializa em trabalhar com o saber, produzir conhecimentos e iluminar o mundo, melhorando a vida da sociedade e tentando romper as barreiras que o subdesenvolvimento impõe como dificuldade ao acesso do conhecimento universal".* (SILVA NETO, 1999, p. 90).

Como uma instituição social, a universidade tem a sua produção acadêmica orientada para a preservação ou intervenção na realidade social, expandindo as suas relações com o Estado, sociedade e mercado para realçar a reprodução social ou para integrar-se a projetos voltados para a transformação da sociedade.

Postula-se, também, que ela deva possuir compromisso social, relacionado com a busca de soluções adaptáveis a realidade, atuando ativamente na conjuntura social através da prestação de serviços de forma integrada aos esforços de desenvolvimento do país, bem como, com o conhecimento científico desenvolvido em laboratórios integrados a outras instituições nacionais e internacionais, onde pesquisadores possam acompanhar e participar de atividades científicas ocorrentes em outras partes do mundo e o ensino possibilite aos alunos oportunidades de conhecer outras realidades culturais e históricas.

Nos discursos governamentais ou não, mesmo em contexto de crise econômica, como a atual, a universidade pública federal brasileira é estimulada a dimensionar a sua capacidade técnica efetiva disponível para a potenciação das suas atividades de ensino, pesquisa e extensão no atendimento das demandas sociais.

A universidade presume-se, é uma organização constituída de pessoas e voltada para elas. Como tal, produz símbolos que tendem a influenciar o meio a que pertence, configurando e dando sentido às relações sociais e interpessoais. As suas responsabilidades em relação à sociedade, ao Estado e à cultura definem o governo que a administra.

A partir de uma análise crítica apurada da universidade e das formas pelas quais atua, percebe-se que convivem dentro da mesma instituição universitária, uma universidade formal baseada em mecanismos burocráticos de controle oriundos das normas de conduta institucional e uma outra universidade dinâmica onde a liberdade acadêmica tende a predominar.

Na primeira encontra-se uma organização rígida definida pela legislação normativa universitária e estruturada em diversas instâncias decisórias sobrepostas, com pouca possibilidade de ocorrerem mudanças inovadoras, mas que através de seus rituais cartoriais, justifica o ensino que ministra e legítima-se socialmente. Já a universidade dinâmica com predominância de liberdade acadêmica, tende a construir-se a partir do desenvolvimento das atividades acadêmicas baseadas nas interações entre docente e aluno, fundamentadas nas funções essencialmente democráticas de uma universidade voltada para o atendimento dos anseios da sociedade, no que se refere ao ensino, à pesquisa e à cultura.

Embora a universidade seja vista como um importante centro de produção e difusão da ciência e da cultura, alguns atores e agentes universitários tem sentido a necessidade de racionalizar seus meios operacionais para aumentar a sua produtividade e melhorar a sua performance na produção acadêmica e nas ações que desenvolve para o atendimento das demandas da sociedade.

A partir da visão destes agentes de que os diversos recursos acumulados pela universidade deveriam ser colocados à disposição da sociedade mediante a prestação de serviços sociais relevantes, algumas universidades começaram a desenvolver a extensão universitária como mecanismo de execução das atividades acadêmicas por intermédio dos mais diversificados cursos, seminários e serviços úteis à sociedade, indo além da função de ensinar que até então exercia. *"A Universidade brasileira, ao longo de sua existência, ateve-se, quase que exclusivamente, à função de ensino".* (FAGUNDES, 1986, p. 108).

Portanto, segundo àquela concepção, no desempenho de suas atribuições, cabe à universidade a formação de profissionais necessários ao desenvolvimento do país, produzir novos conhecimentos pela pesquisa e relacionar-se com a sociedade que a circunda, através da extensão universitária. Para que se torne, assim, um instrumento de desenvolvimento econômico e social, no *cumprimento de sua função social.*

> *"A universidade não pode limitar-se, portanto, apenas à investigação e ao progresso do conhecimento. Mais do que isso, deve ser uma instituição aplicada à comunicação e à utilização social do saber. A busca organizada do conhecimento define-lhe a natureza; a comunicação e a utilização do saber realizam sua vocação".* (PIMENTA, 1985, p. 46).

Na sociedade contemporânea, a universidade tem importância essencial na produção e disseminação do saber, funcionando ainda como sistema de ascensão social. Não se pode negar que, na universidade brasileira a extensão universitária tem apresentado solução para os mais variados problemas sociais, além do que, tem, de algum modo, contribuído para o fortalecimento dos vínculos existentes entre a universidade e a realidade social.

A universidade pública federal brasileira, ao longo da sua história, apesar das dificuldades estruturais e conjunturais, tem desempenhado importante papel como agente de mudanças na transformação social da sociedade. Além de contribuir para a formação dos quadros profissionais em atendimento às demandas do país, tem colaborado institucionalmente com o desenvolvimento do ensino, da pesquisa e da cultura. A sua atuação tem sido decisiva para o desenvolvimento tecnológico de diversos setores da sociedade brasileira.

1.4 - UNIVERSIDADES PÚBLICAS FEDERAIS AUTÁRQUICAS E FUNDACIONAIS

No desempenho de sua função administrativa, o Estado, incapaz de atender diretamente todas as necessidades coletivas, vale-se de pessoas jurídicas de direito público ou de direito privado para, indiretamente, prestar à sociedade determinados serviços públicos. Dessa forma, surge administração indireta, pela criação de autarquias e entidades paraestatais. Quando o Estado utiliza entes administrativos com competência fixada em lei para dirigir seus interesses tem-se o que se denomina descentralização administrativa.

Ao criar por lei uma entidade administrativa concedendo-lhe personalidade jurídica, patrimônio próprio e capacidade de autoadministração sob controle estatal para executar atribuições públicas típicas, o Estado cria uma autarquia. A autarquia federal integra a administração pública indireta, sujeitando-se à supervisão e controle do ministério a que esteja vinculada (artigo 19 do Decreto-Lei nº 200/67). Como um prolongamento do Estado, a autarquia é um ente autônomo que administra a si mesma, porém, não é uma autonomia plena pois está submetida ao controle do Estado que a instituiu. *"Inconfundível é autonomia com autarquia: aquela legisla para si; esta administra-se a si mesma, segundo as leis editadas pela entidade que a criou"*. (MEIRELLES, 1989, p. 300).

Além da autarquia, o Estado mediante autorização legislativa específica, tem instituído a fundação como entidade administrativa sujeita ao controle estatal. Nos termos do Decreto-Lei nº 200/67, a fundação instituída por lei federal com recursos públicos integra a administração federal indireta e vincula-se ao ministério a que esteja enquadrada a sua atividade principal.

A literatura jurídica têm entendido que apesar da denominação que tem, as fundações instituídas pelo Estado são verdadeiras autarquias. *"Em vigor, as chamadas fundações públicas são pura e simplesmente autarquias, as quais foi dada a designação correspondente à base estrutural que têm".* (MELLO, 1999, p. 111).

A partir da lei de diretrizes e bases da educação nacional de 1961, o Governo Federal passou a instituir universidades sobre o regime jurídico de fundação. A adoção do regime fundacional em substituição ao autárquico na administração pública foi atribuída à necessidade da busca de formas organizacionais que aumentassem a flexibilidade da administração pública, tornando-a mais ágil. A pretensão governamental de dotar as universidades de mecanismos mais ágeis, com maior plasticidade e menor burocracia, foi frustrada pelo próprio Estado quando baixou uma série de normas visando mantê-las sobre o seu controle administrativo e político. Os mecanismos de controle utilizados têm sido o controle orçamentário, o controle da expansão de cursos e custos através da proibição sistemática de contratações de servidores e nomeação unilateral dos dirigentes universitários.

As universidades públicas federais brasileiras dividem-se em autarquias e fundações públicas. As autarquias surgiram praticamente no período anterior a 1961, ao passo que as fundações surgiram a partir do advento da Lei nº 4.024/61. Pelos controles a que estão igualmente submetidas as universidades fundacionais colocam-se em situação pouco distinta daquela vivida pelas universidades autárquicas.

No que diz respeito à escolha dos dirigentes universitários, a situação das universidades fundacionais é idêntica à das universidades autárquicas. Outrora, num passado recente, a distinção entre ambas era bem maior pois após a reforma universitária de 1968, enquanto as autarquias regeram-se pelas mesmas normas legais, as fundações sofreram os limites impostos pela Lei nº 6.733/79 que retirou-lhes a prerrogativa de elaboração de listas sêxtuplas, numa tentativa de ampliar o controle estatal a que estavam submetidas. Em relação à autonomia universitária, em função das imposições legais existentes, a igualdade de condições e limites para exercê-la é a mesma tanto para as fundações quanto para as autarquias.

Ao que parece, a partir da Lei nº 5.540/68 e legislação posterior, as diferenças então existentes entre as universidades autárquicas e as fundacionais no que se refere à gestão universitária, tenderam a desaparecer, graças ao controle orçamentário e operacional exercido pelo Ministério da Educação sobre elas. A vinculação de ambas ao Ministério da Educação e outros órgãos federais ocorre de forma semelhante, a dependência é praticamente a mesma. Se até a década de oitenta cada universidade fundacional possuía carreira profissional estruturada com valores remuneratórios próprios diferentes daqueles praticados nas universidades autárquicas, com o advento do Estatuto dos Servidores Públicos Civis da União (Lei nº 8.112/90), a situação passou a ser idêntica para todas as universidades públicas federais, independente da forma em que foi instituída, se como autarquia ou como fundação.

Em face do implacável controle a que foram submetidas pela burocracia administrativa governamental, as fundações universitárias federais por tornarem-se idênticas às autarquias universitárias, sem a flexibilidade administrativa de que necessitam para desempenhar eficientemente as suas funções sociais.

Dada as características peculiares da universidade, as figuras jurídicas da autarquia e da fundação mostram-se inadequadas para configurar as relações entre o Estado e a universidade, embora tenha sido essa a finalidade para a qual foram criadas pela administração pública. Ao longo da sua história, a universidade foi reconhecida como entidade jurídica específica, sem que isso significasse ausência de controle sobre ela, mas, pelo contrário, as formas de controle são diversas, podendo ser efetuadas tanto pelo Estado como por outras instituições sociais.

No âmbito das universidades públicas federais, as discussões sobre a implementação da autonomia universitária têm sido constantes. Essas discussões têm demonstrado que as figuras jurídicas da autarquia e da fundação instituídas pelo Estado não coadunam com a prática da autonomia, por isso, tem-se procurado uma nova figura jurídica capaz de assegurar às universidades a sua essencial autonomia.

Paradoxalmente, ou seja, em confronto com o fato de serem políticas públicas governamentais e por ter surgido de se institucionalizado bem antes das atuais autarquias, as universidades desenvolveram-se espontaneamente sem a interferência do Estado e mantiveram ao longo dos séculos, a vocação para autonomia institucional. Não por mero acaso, mas pela própria natureza da estrutura universitária, das suas finalidades educacionais e culturais, bem como, em atendimento às exigências da sociedade. Isto demonstra que a universidade, pode existir e cumprir seus objetivos com eficácia e dignidade quando dispõe de independência e de flexibilidade para agir.

Seja pelas características peculiares de sua configuração conceitual e institucional e a magnitude de suas finalidades sociais decorrente da enorme responsabilidade social que atribui-se-lhe, a universidade pública federal tornou-se uma organização complexa. As suas tarefas tradicionais sofreram alterações profundas para enfrentar o dinamismo dos desafios sociais e dos processos culturais inerentes à educação. Surge daí, a importância da questão do disciplinamento legal da sua atividade administrativa e acadêmica, através do estabelecimento de uma figura jurídica que permita o seu desenvolvimento fora da asfixiante e paralisadora centralização administrativa, mesmo porque a escassez de recursos orçamentários tem tornado ainda mais relevante a necessidade de se possuir mais flexibilidade para o desempenho de sua função social.

1.5 - AS UNIVERSIDADES PÚBLICAS FEDERAIS E O ESTADO

As relações do Estado com as universidades públicas federais foram no mínimo conflitantes durante as últimas décadas. Nos governos militares tiveram seus planos de expansão amparados, porém, foram submetidas a frequentes intervenções de cunho político. Já nos períodos de transição democrática e mesmo nos democráticos, embora não fossem submetidas às ditas intervenções com tanta frequência, passaram a ter a sua atuação autoritáriamente restringida pela redução dos recursos orçamentários necessários ao seu desenvolvimento institucional.

As universidades públicas federais brasileiras têm sido submetidas pelo Governo Federal a uma série de ajustes administrativos, entre os quais inclui-se uma crescente diminuição dos recursos orçamentários destinados a mantê-las, acompanhado de um aumento considerável dos mecanismos de controle. Embora existam mecanismos asseguradores da unidade do sistema de educação superior, com a fim da indissociabilidade entre ensino, pesquisa e extensão, a autonomia universitária, a gestão democrática e a avaliação institucional, encontra-se em curso um processo de diversificação e diferenciação das atividades das instituições universitárias que pode estabelecer uma se espécie de competição entre as universidades públicas federais.

No relacionamento do Estado com as universidades públicas federais têm ocorrido interferências na gestão universitária, com implicações negativas tanto para as atividades administrativas quanto para as atividades acadêmicas. O Governo Federal, por intermédio de leis, decretos e portarias que não se coadunam com as especificidades das funções universitárias, tem procurado deslocar parte significativa da gerência da universidade para agentes externos, principalmente no que se refere às áreas de pessoal e financeira.

A relação entre as universidades públicas federais e o Estado tem sido prejudicada pela própria atuação do Estado que através de atos normativos tem retirado a autonomia universitária, ampliando, assim, a incidência de controles de caráter burocrático. A melhoria dessa relação pode ser efetivada pelo estabelecimento de uma política de modernização que modifique a forma de atuação estatal, para que os controles casuísticos possam ser trocados por outros adaptáveis à autonomia universitária que não atrapalhe a concretização dos objetivos traçados pela universidade.

Constituindo-se no reflexo da sociedade onde está inserida, a universidade, assim como a centralização administrativa impregnada em todos os seus setores, decorre de uma política educacional traçada e legitimada pela atuação autoritária do Estado.

A burocracia universitária decorre da tradição centralizadora estatal, que pende para a normatização das atividades da universidade, tornando-as menos flexíveis para o atendimento das demandas da sociedade. Dessa multiplicação normativa origina-se o rigor burocrático que ocupa-se da verificação do seu cumprimento.

"Embora se possa dizer que em nossa história universitária sempre houve uma tendência à centralização, esta tendência se tornou manifesta durante os anos 60. O

MEC controlava a universidade brasileira, inclusive em nome da segurança nacional". (REZENDE, 1986, p. 25).

Se a ineficiência do ensino superior federal decorre de uma política baseada na centralização administrativa, o relacionamento entre as universidades públicas federais e o Estado carece de uma modificação que leve em consideração a autonomia universitária, dando às universidades a indispensável flexibilidade para agir na busca de solução não só dos seus problemas, mas também de alguns daqueles que afligem a sociedade.

As fundações universitárias criadas no passado para que as universidades públicas federais pudessem experimentar maior autonomia e flexibilidade operacional não duraram, pois assim que foram instituídas surgiram mecanismos controladores que colocaram por terra a relativa autonomia que possuíam, tornando-as idênticas às autarquias universitárias.

Tem havido debates intensos, hoje em dia, dentro das universidades, nos quais busca-se demonstrar que a autonomia não é incompatível com o funcionamento público governamental. As universidades públicas federais, assim, deveriam ser mantidas por recursos públicos para que pudessem cumprir as atribuições que lhes conferiram. Para tanto, a elas deveria ser assegurado financiamento público, de responsabilidade do Governo Federal, para a sua manutenção e desenvolvimento, bem como, para a sua autonomia e gestão democrática, além de um amplo controle social, que vá desde avaliação interna até a externa, a cargo da sociedade.

Os discursos governamentais sobre as universidades públicas federais têm diagnosticado as deficiências existentes no modelo e apontado a necessidade de sua transformação para melhor atender aos anseios da sociedade. Como exemplo desses discursos, cita-se o projeto de lei oriundo do Ministério da Educação, que dispõe sobre autonomia universitária e que, na opinião do sindicato nacional dos servidores docentes, tem o claro e inequívoco propósito de acelerar e institucionalizar a privatização das instituições universitárias.

As deficiências do atual modelo de universidade, segundo o Ministério da Educação, decorre da carência de recursos orçamentários ante a impossibilidade de financiamento governamental em volume suficiente para suprir todas as suas necessidades. Daí talvez decorra o dilema vivenciado pelas referidas universidades na busca dos recursos financeiros de que necessitam para desenvolver-se, ajustando-se às atuais políticas do governo ou partindo para o atendimento das demandas mercadológicas.

O processo de transformação das relações entre as universidades públicas federais, o Estado e o mercado no que se refere ao desenvolvimento institucional, produção acadêmica e gestão universitária, talvez torne possível uma maior articulação da universidade com os movimentos sociais para buscarem juntos novas alternativas.

1.6 - AS UNIVERSIDADES PÚBLICAS FEDERAIS E A SOCIEDADE

A articulação entre a universidade e a sociedade talvez possa passar a possuir caráter sistemático, com a conscientização dos segmentos integrantes da organização universitária e da sociedade civil organizada de que tal articulação é importante no cumprimento da função universitária de análise crítica da realidade visando a busca de solução para alguns dos problemas que afligem a sociedade brasileira.

Em um processo de globalização econômica no qual valores como competição, cooperação e conflito são desterritorizados, ganhando caráter universal, a percepção atual do relacionamento da universidade com a sociedade passa pelo reconhecimento desta realidade. Se a administração universitária carece de formas para racionalizar os seus poucos recursos e aumentar a qualidade de seus processos e produtos para tornar-se mais eficiente no desenvolvimento das suas atribuições sociais, possivelmente, as formas almejadas viabilizem-se pela transparência das ações, objetividade das propostas e a avaliação rigorosa das atividades acadêmicas.

Como instituição social, a universidade tem a obrigação de ser democrática. Numa democracia, é inaceitável que a universidades seja um instrumento de opressão ou de privilégio, alheando-se das necessidades nacionais e dos problemas sociais, mas, pelo contrário, deve funcionar como uma instituição onde se exerce a crítica social através da produção do conhecimento e de sua disseminação possa contribuir para o progresso social e político do país.

Sendo capaz de oferecer aos que nela ingressam a competente formação para o exercício profissional, a universidade se constituirá num instrumento de qualificação social, embora se reconheça que o acesso à universidade não seja plenamente democrático, pois favorece os estudantes detentores de maior poder econômico. A falha talvez esteja nas insuficiências dos próprios candidatos, como resultado da seleção econômica operante no primeiro e segundo grau do sistema de ensino. A situação não pode ser corrigida apenas na universidade pois o problema transcende ao seu âmbito, implicando na necessidade de uma profunda reforma do ensino fundamental e médio, na qual a expansão da rede de escolas públicas torna-se imprescindível. Além do que, a universidade não é o remédio para todos os males sociais brasileiros.

A falta de recursos financeiros levou vários atores e agentes universitários a preocuparem-se mais com questões relacionadas ao orçamento, em prejuízo dos programas de ensino e pesquisa. Nesse contexto estão colocadas as questões que dizem respeito à democratização da universidade como a escolha de seus dirigentes e a representação no seus órgãos colegiados. São legítimos os anseios de maior participação na escolha de cargos de gestão universitária e nas decisões acadêmicas e administrativas, porém, apenas a alternância de poder não é suficiente para pôr fim aos sérios problemas pelos quais passam a universidade brasileira. A capacidade da universidade em responder aos desafios colocados pela realidade do país talvez possa ser ampliada com a sua transformação interna, onde o (re)descobrimento de sua vocação política, com base nos valores acadêmicos de qualidade e excelência torne possível a existência de uma resposta que passe não só pela pesquisa, mas também pelo ensino.

Na sua atuação como fator de intervenção democrática na vida social, a universidade pode contribuir para a consolidação da democracia.

Para isso, ela carece de autonomia e de democratização interna, para tornar-se numa instituição mais democrática onde as decisões possam estar submetidas ao controle público. Como uma instituição social, caracteriza-se por sua importância na produção e disseminação do conhecimento. Dessa forma, talvez ela se constituirá numa das entidades indispensáveis ao desenvolvimento cultural do país. *"A instituição que se nomeia Universidade é de fundamental importância na nossa cultura, como responsável pelo ato do conhecimento".* (SILVA NETO, 1999, p. 72).

Em razão de suas finalidades institucionais, a universidade pública federal carece de maior flexibilidade e plasticidade para cumprir a sua missão. O ajuste administrativo ao qual está sendo submetida pelo Governo Federal, tem trazido como conseqüência a diferenciação do ensino superior, tanto na sua forma quanto no seu conteúdo, buscando, com isso, atender uma clientela também diferenciada no que se refere ao potencial aquisitivo. Embora não seja orientada por princípios inerentes à produção capitalista, uma vez que, a produção acadêmica é organizada por princípios de administração pública, a universidade pública federal tem sido levada a depender economicamente das relações de mercado, numa busca desenfreada de recursos financeiros necessários à sua sobrevivência, dada a redução do seu orçamento público proveniente do Estado.

A universidade pública federal brasileira desempenha importante papel na transformação inovadora dos métodos de produção e, por conseguinte, dos instrumentos de trabalho. Ao criar novas tecnologias produtivas e organizativas do trabalho, contribui para aumentar a taxa de produtividade das empresas. Em decorrência disso, passa a ser vista como o espaço privilegiado voltado para o aumento da capacidade concorrencial exigida pelos mercados.

> *"O que a universidade deve ter de especial é mérito acadêmico inequívoco, comprovado na capacidade permanente de reconstrução própria de conhecimento, formação extremamente qualitativa de seus alunos, habilidade de manejar a fronteira das inovações importantes na sociedade e na economia".* (DEMO, 1998, p. 82).

A produção universitária, na maioria das vezes, visa o atendimento das demandas do capital produtivo, tendo como objetivo o mercado. Isso se dá pelo fato de o movimento do trabalho acadêmico ser, em algum grau, determinado pelo mercado, para quem o processo de produção do capital produtivo encontra-se voltado. A tendência é tornar economicamente rentável a maior parte possível da produção universitária para que se possa ampliar o volume de receitas próprias das universidades federais. Mas, como já se mencionou, a universidade não deveria ser e não é limitada pelas injunções do mercado.

1.7 - PERSPECTIVAS DE MUDANÇAS NAS UNIVERSIDADES PÚBLICAS FEDERAIS

Se as universidades públicas federais brasileiras, pelas suas estruturas formais, tendem a se identificarem, é no desenvolvimento das suas atividades acadêmicas que elas se diferenciam, pois é aqui que demonstram as suas capacidades internas e possibilidades de atuação externa no atendimento das demandas que lhes deram origem.

A atuação institucional das universidades públicas federais em descompasso com a efetivação das suas finalidades tem gerado muitas críticas por parte da sociedade. Em razão disso, o Estado, mostrando-se convencido da perda de funcionalidade da organização universitária, tem buscado um novo perfil jurídico capaz de afastar as restrições inoportunas que cerceiam a autonomia universitária. Postula-se por um novo perfil jurídico que dê-lhes mais flexibilidade operacional no desenvolvimento de suas atribuições institucionais.

A forma jurídica idealizada pela lei da reforma universitária para as universidades públicas federais, extraída do direito administrativo, não conferiu-lhes a plasticidade exigível para dotá-las de mecanismos flexíveis capazes de libertá-las dos entraves burocráticos e do controle desmedido dos órgãos governamentais. A lei de diretrizes e bases da educação nacional (Lei nº 9.394/96), ao regular o ensino superior, prescreveu que as universidades mantidas por recursos públicos gozarão de estatuto jurídico especial para atender às peculiaridades de sua estrutura e organização. Através de estatuto jurídico especial, procurou-se dar-lhes condições para a adaptarem-se à realidade social, porém, como o estatuto proposto ainda não foi implementado, as universidades continuam sob a forma de autarquia ou de fundação, sem a flexibilidade de que precisam para melhor atenderem aos anseios da sociedade brasileira.

Embora a situação de crise das universidades públicas federais brasileiras mostre-se desanimadora, verifica-se que fatos novos, produzidos pelo próprio Estado através de sua atuação autoritária, estão surgindo e dando novo alento ao debate acerca dos compromissos ideológicos assumidos pela universidade e o seu papel perante a sociedade.

As universidades públicas federais possuem importante patrimônio constituído por imóveis, equipamentos e recursos financeiros e humanos. Esse patrimônio, por tornar possível a ação universitária na concretização de seus objetivos, motiva a disputa por seu controle. Com a disputa busca-se a possibilidade de influenciar na utilização do acervo disponível, que inclui os imóveis, os equipamentos e a destinação dos recursos financeiros e humanos. *"É importante que se retenha que o controle da Universidade, por um determinado grupo, implica o poder de propor e reproduzir um determinado projeto político para a sociedade"*. (CARDOSO, 1982, p. 42).

Em razão da política de controle a que as universidades públicas federais têm sido submetidas pelo Governo Federal, restringindo as opções de utilização dos diversos recursos de que dispõem as universidades, os seus cargos administrativos estão esvaziados, não possuindo mais o poder de decisão exigido na administração das atividades acadêmicas. Assim, os administradores universitários tornaram-se burocratas cumpridores de determinações legais federais que decepcionam-se por não conseguirem realizar projetos acadêmicos que haviam fixados no início do mandato.

Embora não tenha diminuído a sua intensidade, a atividade política universitária encontra-se esvaziada do conteúdo capaz de torná-la significativamente importante na vitalidade das instituições universitárias.

Talvez a transformação da universidade pública federal numa instituição democrática comprometida com o desenvolvimento no interesse da sociedade brasileira, seja possível pela ação integrada daqueles que constitui a sua força viva, seus servidores docentes e técnico-administrativos e seus estudantes.

Os servidores docentes e técnico-administrativos das universidades públicas federais, sentindo a importância da participação ativa na defesa de uma política remuneratória digna, organizaram-se em sindicatos locais, em cada uma das universidades e nacionalmente, congregando todos os locais. Para tanto tiveram que enfrentar as resistências autoritárias oriundas de muitas autoridades acadêmicas.

Os estudantes universitários também se organizam em suas respectivas agremiações para, através delas, fortalecerem-se na busca de seus direitos.

Ao longo da história da universidade brasileira, o movimento estudantil atuou ativamente nas grandes lutas políticas nacionais. Enfrentou graves perseguições patrocinadas pela ditadura militar implantada no país em 1964, mas ainda hoje se faz presente na luta em defesa da democratização interna da universidade.

A discussão crítica acerca da universidade e de sua atuação política, levada a efeito pelo sindicatos de servidores docentes e técnico-administrativos, bem como, pelas agremiações estudantis, tem problematizado o autoritarismo impregnado nos discursos institucionalizados pela estrutura burocrática universitária. Dessa discussão tem surgido o entendimento de que a universidade, como instituição social democrática, pode ajudar a mudar a sociedade, desde que a sua liberdade de ação permita-lhe dirigir o seu próprio destino de forma a assumir o seu papel de agente atuante no processo transformador da sociedade.

> *"Num país em vias de desenvolvimento, é preciso que a universidade participe ativamente do processo de emancipação nacional. Não nos referimos apenas ao desenvolvimento tecnológico e material; também a cultura, as formas de vida, as instituições e os valores de uma sociedade devem aprimorar-se através da educação livre e independente de interesses particulares".* (PIMENTA, 1985, p. 44).

Por ser uma instituição social, a universidade pública federal identifica-se por seus princípios, valores, regras e formas de organização. Ao longo da história tem sido reconhecida e legitimada socialmente pela sua capacidade de produzir e disseminar o saber. Através dessa capacidade histórica é que acontece a sua atualização através do desenvolvimento do conhecimento comprometido com a questão democrática, na busca de uma sociedade mais justa. O exercício cotidiano de sua identidade histórica poderá levar a universidade a uma contribuição mais efetiva no processo de desenvolvimento nacional.

A universidade, desde o seu surgimento na Idade Média, sempre possuiu a função de produzir e disseminar o saber. Mesmo quando sacudida por transformações sociais, procurou adaptar-se às diferentes realidades históricas. Por ter surgido como uma instituição independente e pouco permeável à sociedade que a circundava, é considerada lenta no processo de adaptação às mudanças, sendo, por isso, cobrada tanto pelo Estado quanto pela sociedade a uma maior integração no processo de transformação social. Como instituição fechada, a sua adaptação no que concerne às inovações internas e externas tende a enfrentar enormes resistências para serem implantadas.

A universidade tem o seu processo de mudança submetido às mesmas dificuldades de outras instituições sociais. A possibilidade de sua renovação pode decorrer da sua transformação de entidade fechada em aberta, partindo do pressuposto de que instituição aberta é aquela vinculada a objetivos que a transcendem e que a serve, ao passo que fechada é a absorvida por ritualismos que visam a defesa dos privilégios dos seus integrantes. A universidade possivelmente só encontrará alternativas para sua mudança numa crise capaz de sacudi-la de fora para dentro ou mediante a transformação das perspectivas daqueles que a controlam.

<u>Capítulo 2</u>
A AUTONOMIA NAS UNIVERSIDADES PÚBLICAS FEDERAIS

Ainda com o objetivo de situar o tema a ser desenvolvido, neste capítulo, sem a menor intenção de esgotar o assunto, tanto em extensão quando em profundidade, tratar-se-á da problemática da autonomia universitária e suas implicações, como uma das dimensões básicas para a análise do processo decisório da universidade, principalmente no que se refere à colocação da questão na universidade pública federal brasileira em face da legislação pertinente.

Desde o surgimento das primeiras universidades no mundo, a autonomia tende a ser dimensionada e legitimada pela função social da universidade na produção e disseminação do saber. Dessa finalidade social é que decorre a necessidade de existência da autonomia universitária, pela qual a universidade possui a liberdade de ensinar, pesquisar e gerenciar se nos aspectos administrativo, financeiro e patrimonial.

Na história da universidade brasileira, tem sido constante a busca por normas legais de cunho democrático voltadas para o fortalecimento da autonomia universitária. Somente em 1988, a Constituição Federal erigiu-a como princípio constitucional, assegurando às universidades maiores condições de protegerem-se diante de impertinentes interferências do Estado nas suas atividades acadêmicas. O exercício da autonomia pela universidade não a dispensa da prestação de contas à sociedade, mas, pelo contrário, tende a estabelecer uma maior interação entre ambas visando a busca de soluções para os diversos problemas sociais.

Entende-se por autonomia universitária como a faculdade que a universidade tem de autogovernar-se na concretização das suas finalidades. Revela-se tanto interna quanto externamente à universidade. Origina-se de norma constitucional e subdivide-se em didático-científica, administrativa e de gestão financeira e patrimonial. Em obediência aos princípios constitucionais nos quais está amparada, outorga à instituição universitária liberdade de ensino, pesquisa e demais atividades inerentes à sua função social.

Embora possam constituir-se na própria razão de ser da universidade, a autonomia universitária é uma liberdade relativa e, por isso, não se confunde com soberania, independência ou autarquia. Confere direitos, obrigações e legitimação pelo reconhecimento social de sua produção acadêmica, mediante instrumentos democráticos de avaliação de sua atuação em benefício da sociedade.

2.1 - ASPECTOS HISTÓRICOS DA AUTONOMIA UNIVERSITÁRIA

A autonomia universitária surgiu na Idade Média em decorrência das tensões existentes entre os docentes e as autoridades eclesiásticas, responsáveis pela organização do ensino e designação de docentes. Em razão disso, os docentes instituíram uma universidade autônoma, desvinculada da igreja e com liberdade para a concessão de autorização para a prática do ensino aos alunos que concluíam os estudos. Assim criadas, as universidades que se organizavam em corporações de mestres e alunos, obtiveram o reconhecimento das casas reais e, em seguida, do Papa. Além disso, tornaram-se autônomas em face das cidades onde se achavam localizadas.

Ao organizar-se da mesma forma que uma corporação de ofício, a universidade caracterizou-se como uma instituição social regida por normas próprias e com o reconhecimento externo. Essa característica corporativa mostra que autonomia universitária origina-se da forma organizacional existente na Idade Média, onde a universidade, por ser uma organização integrada por docentes detentores do conhecimento essencial à produção acadêmica, era a responsável pela garantia de qualidade do ensino que ministrava.

A reconhecida competência da universidade medieval para outorgar graus acadêmicos, decorria da autonomia que possuía. Com base nessa autonomia, a organização universitária decidia pela outorga do grau de mestre e o direito de ensinar ao aluno que, em razão dos seus estudos demonstrasse possuir o domínio pleno de determinada área de conhecimento. A autonomia baseava-se no reconhecimento da competência específica da universidade para estabelecer a importância do conhecimento a ser ministrado. Da mesma forma, era no exercício de sua autonomia que a universidade organizava-se e regulava todas as suas atividades.

No Estado moderno, quando o domínio real rebustecia em razão do absolutismo, a ampliação das atividades estatais submeteu a universidade ao controle do Estado. Isso se deu com o surgimento do modelo napoleônico onde a universidade, sem autonomia, transformou-se num departamento estatal. Apenas a universidade saxônica soube preservar uma parte de sua autonomia, a despeito da intervenção estatal. Somente durante o século XIX, as idéias liberais que em defesa da liberdade do ensino e da pesquisa, levaram a universidade a recuperar uma relativa autonomia frente ao Estado.

Como a faculdade que a universidade tem de autogovernar-se, a autonomia universitária remonta às origens da universidade, da qual, desde então tornou-se uma característica inerente. A universidade medieval, desde o seu surgimento, era consciente de que a sua existência dependia da liberdade que possuía. Durante o período em que exerceu plenamente a sua autonomia, a universidade atingiu o seu ponto culminante de florescimento cultural. Ao ser inteiramente controlada pelo Estado, como ocorreu com as universidades francesas no final da Idade Medieval, a universidade perdeu a sua autonomia, com isso entrou em decadência, perdendo também à sua energia geradora de cultura.

No Brasil, os debates sobre a autonomia universitária vem de longa data, antecedem até a criação da primeira universidade brasileira. A lei orgânica do ensino superior e fundamental da república originada da reforma Rivadávia Correia (Decreto n° 8.659/11) com o objetivo de uma melhoria geral no nível do ensino e a contenção das matrículas nas unidades de ensino, outorgou autonomia didática e administrativa aos estabelecimentos de ensino superior, prevendo, inclusive, que seus cargos de diretores seriam preenchidos por intermédio de eleições secretas. Dessa forma, pela primeira vez no país, a idéia da autonomia delineou-se legalmente nas dimensões didática, administrativa e financeira. Assegurava-se assim, a organização dos programas dos cursos, gerência dos respectivos patrimônios e eleição interna do diretor pela congregação.

> *"A primeira vez que a palavra autonomia apareceu no cenário do ensino superior brasileiro foi em 1911, no meio de um movimento de contenção da expansão das inscrições nas faculdades, propiciada pelo ingresso irrestrito dos concluintes das escolas secundárias oficiais e das privadas a elas equipadas".* (CUNHA, 1989, p. 11).

Sob a alegação de que as políticas de melhoria do ensino e a contenção das matrículas tinham sido frustradas, a reforma Carlos Maximiliano (Decreto n° 11.530/15), extinguiu a autonomia concedida quatro anos antes. Com isso, a nomeação dos dirigentes dos institutos de ensino superior ficou submetida ao Presidente da República. Na primeira vez em que foi outorgada no país, a autonomia teve vida curta, durou apenas quatro anos.

Com o novo regime político implantado no país pela Revolução de 1930, adveio o estatuto das universidades brasileiras, reforma Francisco Campos (Decreto n° 19.851/31) que regulamentou nacionalmente a organização das universidades, dotando-as de personalidade jurídica e assegurando-lhes autonomia administrativa, didática e disciplinar. A atribuição de organizar e controlar a administração universitária, ficou a cargo do Governo Federal, em clara demonstração de que a autonomia concedida era relativa pois seria delineada nos estatutos da universidade que eram submetidos à aprovação do Ministério da Educação após a apreciação do então Conselho Federal de Educação. Somente o catedrático, em decorrência de sua inamovibilidade e vitaliciedade, detinha autonomia para o desempenho da sua atividade acadêmica.

O estatuto das universidades brasileiras de 1931 concedeu autonomia às universidades, porém, o surgimento posterior de inúmeras normas, acabaram por inviabilizá-la. Era assente na época que a regulamentação minuciosa das atividades acadêmicas poderiam assegurar a qualidade do ensino, assim, os decretos, portarias e demais atos administrativos oriundos do Governo Federal ao invés de trazer melhoria para ensino, foram paulatinamente limitando a autonomia universitária, ao ponto de torná-la praticamente inexistente.

O Estado Novo implantado no país em 1937 suprimiu a autonomia das universidades oriunda da reforma Francisco Campos. Somente em 1945, com o Decreto-Lei nº 8.393/45, foi restabelecida a autonomia administrativa, didática, disciplinar e financeira, estabelecendo a participação dos segmentos universitários na gestão universitária por meio de uma assembléia universitária integrada por servidores docentes e técnico-administrativos e de alunos.

A lei de diretrizes e bases da educação nacional (Lei nº 4.024/61) reafirmou a existência da autonomia didática, administrativa, disciplinar e financeira. A autonomia seria exercida na forma dos estatutos universitários, que deveriam ser aprovados pelo Conselho Federal de Educação, restringindo a autonomia universitária que ela mesma concedeu. Como já ocorria na legislação antecedente, o referido Conselho continuou com a prerrogativa de determinar a suspensão da autonomia em qualquer universidade, assim como a atribuição de estabelecer o currículo mínimo dos cursos. Já a reforma universitária de 1968 (Lei nº 5.540/68) manteve a autonomia didática, administrativa e financeira, apenas substituiu a autonomia didática por autonomia didático-científica. Os estatutos universitários continuaram submetidos à aprovação do Governo Federal.

Na década de oitenta, em razão da abertura democrática ocorrida no país, a autonomia universitária voltou a ser discutida pelo Governo Federal, através do relatório final da Comissão de Alto Nível instituída em 1985 para estudar a reformulação da educação superior e do relatório do GERES (Grupo Executivo de Reformulação do Ensino Superior criado em 1986, também para a reformulação do ensino superior). Após os vinte anos de ditadura militar, os debates tratavam da avaliação de desempenho acadêmico e da autonomia universitária sem a contrapartida da democratização da universidade.

A Constituição Federal de 1988, no seu artigo 207, elevou a autonomia universitária à qualidade de bem jurídico constitucionalmente protegido, subdividindo-a em didático-científica, administrativa e de gestão financeira e patrimonial. Com a autonomia constitucionalmente assegurada, a instituição universitária tem a liberdade de ação que precisa para desenvolver as suas atividades acadêmicas. Liberdade de ação administrativa e de gestão financeira e patrimonial para que possa exercitar a liberdade didático-científica na produção de disseminação do saber.

Como se observa, a autonomia universitária origina-se da luta histórica travada pela universidade para firmar-se como instituição autônoma diante das tentativas do Estado de convertê-la em um simples órgão sob o seu total domínio. Pela sua natureza intrínseca, a universidade encontra-se submetida a uma constante tensão. Embora sua existência legal dependa do Estado, em razão das suas finalidades, não pode reduzir-se a um simples órgão deste, nem tampouco, opor-se à supervisão estatal.

2.2 - A IMPORTÂNCIA DA AUTONOMIA UNIVERSITÁRIA

Desde e a Idade Média, a evolução histórica da universidade tem mostrado que quando as atividades acadêmicas são desenvolvidas dentro de condições onde impera a liberdade, sem interferências impertinentes, os objetivos da universidade são satisfatoriamente alcançados. Assim, dentre os requisitos essenciais à existência da universidade enquanto organização social responsável pela produção e disseminação do saber destaca-se a autonomia universitária. Na ausência da autonomia, a universidade não consegue cumprir as suas relevantes finalidades.

Ao longo da história da universidade, a luta reivindicatória de autonomia tem sido contínua. A autonomia constitui-se na condição essencial à existência da universidade, dando-lhe a liberdade de ação e de crítica para o exercício de sua vocação institucional na busca da verdade. A conquista dessa autonomia legitima-se pelo reconhecimento social de sua importância no desenvolvimento nacional.

"A autonomia, portanto, é uma prerrogativa essencial da universidade, decorrente das suas próprias funções, e não um ornamento ou privilégio que lhe pode ser concedido ou não. Com a universidade autônoma a sociedade constituiu para si um instrumento de consciência crítica, livre e senhor de si, que a guiasse na revisão contínua de suas estruturas e na determinação dos novos rumos". (GOERGEN, 1979, p. 56).

A análise do desenvolvimento da universidade como organização social, certamente mostrará que a autonomia é elemento integrante do conceito de universidade, e que, por isso, constitui-se na prerrogativa de que a instituição universitária dispõe para desenvolver as suas atividades para o atendimento de suas finalidades sociais.

A autonomia universitária assegura à instituição universitária o exercício do autogoverno que permite a gestão de seus interesses sem ingerência externa. Essa autonomia constitui-se num dos mais importantes requisitos que a universidade possui para desempenhar com eficiência a sua função social na busca de soluções para os desafios enfrentados pela sociedade. *"Partir de suas próprias experiências parece ser um bom caminho para cada universidade conquistar, de um lado, a autonomia desejada e, de outro, a competência exigível"*. (VERGARA, 1978, p. 90).

Como uma prerrogativa decorrente das características inerentes à universidade, a autonomia pressupõe que a administração universitária deva basear-se nos princípios norteados pela democracia. Falta de autonomia tende a impossibilitar que a universidade utilize todo o seu potencial criativo no aperfeiçoamento de seus métodos operacionais, para desenvolver as suas atividades acadêmicas de forma eficiente e dinâmica.

A autonomia universitária implica na liberdade da universidade pública federal para elaborar e aprovar as suas normas estatutárias e regimentais, para que a dinâmica das atividades acadêmicas seja orientada exclusivamente pela iniciativa da instituição universitária no atendimento das suas necessidades, mas sem desvincular do Estado que a instituiu e a abastece dos recursos orçamentários indispensáveis ao seu pleno funcionamento. Assim, no exercício dessa autonomia, a universidade terá condições de seguir as diretrizes traçadas pelo Estado, no cumprimento da sua função social.

Interferências externas que tendem a tirar da instituição universitária a sua capacidade de ensinar e investigar significa o mesmo que subordinar as idéias a interesses, em total desrespeito à essência da universidade. Dessa maneira, conclui-se que pelo fato da autonomia ser requisito indispensável à atuação da universidade no desenvolvimento das suas atividades acadêmicas, deve ser ampla para que possa abranger todas as ações universitárias.

Tanto na produção e transmissão de conhecimentos quanto no relacionamento com a sociedade, a universidade carece de liberdade para que não necessite se curvar diante de políticas momentâneas que, muitas vezes, podem até contribuir para a sua descaracterização. A autonomia universitária é extremamente necessária à instituição universitária, por isso, desde o surgimento da universidade, a luta pela conquista da autonomia tem sido constante. *"A autonomia é, portanto, o objeto de conquista permanente por parte de qualquer instituição que por ela se interesse ou dela necessite"*. (ÁVILA, 2000, p. 184).

Os estatutos das universidades públicas federais conceituam e explicitam os tipos de autonomia universitária a que se refere o artigo 207 da Constituição Federal de 1988. Com base nesses estatutos universitários, a seguir serão descritas as concepções de autonomia didático-científica, administrativa e de gestão financeira e patrimonial.

2.2.1 - AUTONOMIA DIDÁTICO-CIENTÍFICA

A autonomia didático-científica consiste na liberdade que a universidade pública federal possui para decidir e implementar políticas de ensino e de pesquisa, voltadas para a produção e disseminação do saber. Com base nessa autonomia, a instituição universitária determina o ensino a ser ministrado e como fazê-lo, assim como, define o que pretende pesquisar e os meios de investigação a serem adotados. Torna possível a elaboração de ciência adequável à realidade social e permite que a universidade participe da discussão de políticas desenvolvimentistas do Estado.

Pela autonomia didático-científica a universidade traça os seus objetivos educacionais, científicos e culturais, visando o desenvolvimento de projetos acadêmicos direcionados para o atendimento das demandas da sociedade, seja através do ensino de qualidade ou apresentando solução para problemas sociais.

A autonomia didático-científica refere-se à possibilidade de ensinar, aprender, escolher os problemas a serem pesquisados e a metodologia a ser empregada na investigação. Através dela a universidade possui a atribuição de definir o tipo de conhecimento e a forma que considera adequada para a transmiti-lo, decide quais os cursos serão ministrados, seleciona os estudantes, avalia o desempenho acadêmico dos mesmos e outorga-lhes os títulos de acordo com o conhecimento adquirido, bem como contribui para o progresso da ciência, tornando-se um importante suporte no qual a pesquisa aplicada encontra o apoio que precisa para desenvolver-se.

Sob a alegação de que precisa controlar a qualidade do ensino, o Estado tem submetido a autonomia didático-científica a interferências frequentes, mediante a fixação de currículo mínimo para os cursos ministrados, exigência de permissão prévia para abertura de cursos novos, supervisão sobre a formação profissional e identificação do diploma universitário para as profissões regulamentadas. Apesar disso, em razão da especificidade dessa autonomia, o cerceamento da liberdade de atuação da universidade pelas interferências estatais tende a ser pequeno, se comparado àquele operado em face da autonomia administrativa e de gestão financeira.

Sabe-se que a supervisão do ensino através de mecanismos adequados de avaliação pode ajudar a garantir a qualidade do ensino ministrado pela universidade, porém, não pode interferir no exercício da autonomia didático-científica. É possível pensar que a avaliação da qualidade do ensino pode ser medida pela própria sociedade, seja pelos conselhos fiscalizadores das profissões regulamentadas ou pela competição no escasso mercado de trabalho. Esses mecanismos, além de não causarem nenhum transtorno ao exercício da autonomia didático-científica, tendem a ser compatíveis com a função social da universidade. Quando a previsão do ensino é exercida de forma responsável e transparente, a garantia de qualidade torna-se uma conseqüência.

Dentro do conceito de autonomia didático-científica surge, frequentemente, o debate das relações entre a pesquisa pura e a aplicada.

A autonomia didático-científica tem sido fundamental para prática científica e tecnológica nas áreas de conhecimento que não apresentam resultados imediatos para o desenvolvimento econômico e social do país, conforme exigem tanto a sociedade quanto o Estado brasileiro. No exercício dessa autonomia, a instituição universitária organiza as áreas de conhecimento científico de forma a garantir o financiamento de pesquisas que não possui importância imediata para a economia ou para a política.

Em razão das pressões oriundas do contexto social brasileiro, o exercício da autonomia didático-científica pode proporcionar à universidade pública federal, a liberdade necessária ao desenvolvimento dinâmico do ensino e da pesquisa, em sintonia com as referências educacionais e científicas internacionais.

2.2.2 - AUTONOMIA ADMINISTRATIVA

A autonomia administrativa relaciona-se com a possibilidade da universidade autogovernar-se, na busca de uma organização administrativa que possa facilitar o desenvolvimento de suas atividades na produção e na disseminação do saber. Para melhor desenvolver a sua função social, a instituição universitária precisa dispor da liberdade necessária para estruturar-se e reproduzir as normas reguladoras dos seus órgãos constitutivos, do processo de escolha de seus dirigentes e da administração de seus recursos patrimoniais, materiais e humanos.

Pela autonomia administrativa, a universidade possui liberdade de extinguir ou alterar unidades acadêmicas de acordo com as suas necessidades, elaborar os seus estatutos e regimentos, além de dimensionar a sua força de trabalho composta por seus servidores docentes e técnico-administrativos. Essa autonomia estende-se por toda a administração universitária de forma que cada instância administrativa possa ser relativamente autônoma.

2.2.3 - AUTONOMIA DE GESTÃO FINANCEIRA E PATRIMONIAL

Para gerenciar as suas atividades administrativas voltadas para o desenvolvimento do ensino e da pesquisa, a universidade pública federal precisa de liberdade para dispor de seu patrimônio e dos recursos financeiros que foram destinados a ela no orçamento do Estado, a serem aplicados na consecução de seus objetivos. Essa liberdade constitui-se na autonomia de gestão financeira e patrimonial, que se traduz na capacidade de gerir os recursos financeiros e materiais postos à sua disposição pelo Governo Federal, bem como das receitas orçamentárias geradas pela universidade. Em decorrência dessa autonomia, a instituição universitária pode gerir livremente seu patrimônio, elaborar seu orçamento e administrar os recursos financeiros disponíveis.

Autonomia de gestão financeira e patrimonial consiste na possibilidade da universidade estabelecer as suas prioridades, seja na distribuição entre as suas unidades acadêmicas dos recursos financeiros constantes de seu orçamento, seja na decisão sobre o montante a ser despendido com a melhoria da infraestrutura e dos equipamentos. Essa autonomia permite a utilização dos recursos disponíveis de forma racional, trazendo como conseqüência a responsabilidade administrativa.

Para que se opere a autonomia de gestão financeira e patrimonial, se faz necessário que existam os recursos financeiros a serem gerenciados. A autonomia universitária nos seus diversos aspectos não pode ser assegurada sem a existência dos recursos orçamentários necessários ao desenvolvimento pleno da universidade. A falta de garantia de um contínuo fluxo de recursos financeiros pode impossibilitar o planejamento das atividades da universidade, no atendimento das suas finalidades sociais.

Embora a Constituição Federal outorgue às universidades públicas federais a autonomia de gestão financeira e patrimonial, o Estado tem diminuído progressivamente o montante dos recursos orçamentários destinados a elas, obrigando-as a buscarem formas de financiamento que, mediante a contenção de gastos de atividades essenciais à sua sobrevivência ou a captação de recursos pela comercialização de atividades acadêmicas, podem trazer prejuízos irreversíveis ao desenvolvimento das suas funções sociais.

2.3 - A EFETIVAÇÃO DA AUTONOMIA

Desde o surgimento da primeira universidade no país, questões relacionadas com a sua autonomia tem estado presente no debate acadêmico: de forma latente nos períodos de regime político ditatorial e às claras nos democráticos ou de abertura política.

Apesar de ser uma reivindicação histórica, a autonomia universitária nunca chegou a ser plenamente efetivada nas universidades públicas federais brasileiras. Mesmo constando da legislação, em razão da falta de uma política universitária que a respaldasse, jamais chegou a ser respeitada. Desde o surgimento da primeira universidade brasileira, já se anunciava o papel do Estado no tocante às universidades: predominou a centralização *burocrática e ausência de autonomia.*

> *"Com efeito, uma universidade despojada de sua autonomia ou sem vontade de conquistá-la será sempre uma universidade impotente, espectadora das decisões que sobre ela se tomam e que traçam os seus rumos, que condicionam os seus movimentos".*
> (FAGUNDES, 1985, p. 35).

A legislação brasileira assegura às universidades públicas federais a autonomia de que necessitam, porém, nem sempre essa legislação é efetivamente cumprida pelo Governo Federal. Em decorrência disso, muitas vezes essas universidades precisam lutar para o seu cumprimento, tentando, dessa forma, preservar a autonomia universitária imprescindível ao êxito das suas atividades acadêmicas. Foi o que aconteceu no final da década de oitenta, quando as universidades tiveram que mobilizarem-se para preservar a autonomia universitária constitucionalmente assegurada, face ao decreto que determinava a dispensa de seus servidores docentes e técnico-administrativos e que, por conseqüência, poderia prejudicar o desempenho das atribuições universitárias. *"É na defesa do cumprimento de suas obrigações que as universidade deve lutar pela conquista e exercício de sua autonomia em em relação às amarras estatais".* (BUARQUE, 1989, p. 43).

A dinâmica operacional da autonomia universitária decorre do relacionamento entre as universidades públicas federais e o Governo Federal, onde, para aquelas, a autonomia é uma conquista essencial ao desenvolvimento das atividades acadêmicas, ao passo que, para este, representa apenas uma função política de supervisão e controle.

A atuação do Governo Federal na defesa do interesse público, efetuada pela adoção de atos administrativos voltados para a moralização de práticas administrativas, sempre contou com a colaboração irrestrita das universidades públicas federais. O que tende a molestar essas universidades é a interferência do Estado na autonomia constitucionalmente assegurada, mediante a imposição de ordens administrativas limitando e atravancando os serviços universitários, em prejuízo ao desenvolvimento das diversas atividades acadêmicas.

A autonomia o universitária tem sido reconhecida como fator necessário ao desenvolvimento das instituições universitárias, inclusive como mecanismo significativamente importante na correção dos desarranjos existentes. Mesmo assim, em face dos inaceitáveis controles administrativos e financeiros a que as universidades públicas federais estão sendo submetidas pelo Governo Federal, embora a autonomia universitária seja um princípio constitucionalmente assegurado, ainda é praticamente um sonho para essas universidades.

Os atos administrativos oriundos de imposição governamental que cerceiam a autonomia universitária (como por exemplo os Decretos nºs 93.594/86 e 97.223/88 que estendia às universidades a proibição de criação de novos cursos superiores de graduação e o decreto nº 97.457/89, substituído pela Medida Provisória nº 33/89, que determinava a dispensa servidores das universidades) carecem sempre de reformulação para que os princípios administrativos afetados sejam estabelecidos, principalmente, quando dizem respeito a questões de pessoal e econômico-financeiras, decorrentes de interferências patrocinadas pelo Ministério do Planejamento, Desenvolvimento e Gestão. As falhas e deficiências porventura existentes nas universidades públicas federais podem ser corrigidas pelo Estado, sem prejudicar o exercício da legítima autonomia universitária.

A plena efetivação da autonomia universitária está condicionada a existência de autonomia de gestão financeira e patrimonial, que, por sua vez, somente poderá ser exercida se existirem recursos orçamentários disponíveis a serem geridos. Assim, a escassez dos repasses orçamentários originados do Estado, pode interferir e até debilitar a autonomia universitária, na medida que a ausência dos recursos financeiros necessários ao financiamento da universidade inviabilizam a efetividade da autonomia de gestão financeira.

Para ser exercida, autonomia universitária deve estar protegida pela garantia de que os recursos orçamentários imprescindíveis à sobrevivência da universidade pública federal sejam efetivamente assegurados pelo Governo Federal independentemente de condicionamentos clientelísticos. Para isto, faz-se necessário que a sociedade e os governantes reconheçam a importância da existência de uma universidade autônoma e democrática, voltada para a produção e disseminação do saber.

> *"Estando devidamente caracterizado, a nível constitucional, o direito das universidades a um regime autônomo (art. 207, CF/88), verificamos que nesta autonomia está incluída a gerência dos recursos estatais transferidos e dos produzidos pelas universidades. [...] É dever do poder público financiar sistema educacional, de modo a que os princípios constitucionais relativos ao ensino (artigo 206, I a VII) sejam observados. [...] Assim é que a gestão financeira explicitada no aludido art. 207 significa que as universidades têm direito a recursos determinados para seu pleno funcionamento, e que tais recursos, juntamente com os produzidos pelas universidades, sejam submetidos à gestão financeira autônoma. [...] A garantia de recebimento dos recursos e sua gerência constituem os elementos fundamentais para o regular desempenho das atividades universitárias, atendendo-se ao princípio constitucional de autonomia".* (BELMONT e CESAR FILHO, 1989, p. 39-40).

A luta das universidades públicas federais para que o Governo Federal cumpra a legislação que assegura-lhes o financiamento de que necessitam para desenvolverem-se em benefício da sociedade, tem importância fundamental para o fortalecimento da autonomia universitária. Sem esse financiamento público torna-se praticamente impossível para as instituições universitárias o exercício da autonomia em toda sua plenitude.

As universidades públicas federais buscam, pela autonomia, o estabelecimento de uma nova forma de relacionamento com o Estado para tornarem-se administrativamente mais ágeis e transparentes, melhorando, assim, a qualidade social da gestão universitária. Por sua vez, o Governo Federal tenta usar a mesma autonomia para desobrigar-se da responsabilidade de financiá-las.

Ao que parece, por suas características críticas as universidades públicas federais representam um incômodo para o Governo Federal, por isso, ele tem tentado por várias vezes conceder-lhes uma autonomia que importa, na prática, no seu descomprometimento para com o financiamento delas. A Proposta de Emenda Constitucional n° 233-A/95 é um exemplo disso pois, através dela, o Governo Federal pretendia alterar a autonomia universitária e instituir nas universidades públicas, a cobrança de mensalidades dos cursos de treinamento, aperfeiçoamento e especialização. Durante a sua tramitação esta proposta foi transformada na Proposta de Emenda Constitucional n° 370/96, cujo ponto mais polêmico era alteração do artigo 207 da Constituição Federal com o objetivo de desconstitucionalizar a autonomia universitária, deixando a regulamentação de sua aplicação para lei ordinária. Felizmente essa proposta acabou sendo rejeitada pelo Congresso Nacional.

O Ministério da Educação ainda apegado a resquícios de centralismo e autoritarismo oriundos da ditadura militar, ainda continua a exercer o controle sobre as universidades públicas federais, através do monitoramento da autonomia universitária.

> *"Sabemos todos que na história da universidade brasileira houve sempre uma tendência nítida ao autoritarismo centralizador. Se agora queremos fazer mudanças importantes, uma delas diz certamente respeito à ruptura com semelhante tradição, sempre presente no passado e mais acentuada durante os anos 60".* (REZENDE, 1986, p. 10).

Em razão dos resquícios de autoritarismo ainda existentes dentro e fora da universidade, as tentativas de reforma das universidades públicas federais tendem a tornarem-se, de alguma forma, frustradas. Por isso, partindo do pressuposto de que o exercício da autonomia universitária possui estreita relação com a democratização da universidade, a implementação efetiva da autonomia passa também por uma efetiva prática democrática no âmbito universitário.

A busca da concretização da autonomia universitária passa pela procura de alternativas capazes de atender a carência de pessoal da universidade pública federal, por isso, a sua estrutura organizacional deve passar por uma reformulação para torná-la mais adaptável às suas características.

Como produtora de bens, prestadora de serviços e fornecedora de recursos humanos à sociedade, a universidade pública federal carece de autonomia, sem existência de vínculos e dependências capazes de subordiná-la e sujeitá-la burocraticamente aos órgãos estatais, em flagrante desrespeito ao disposto no artigo 207 da Constituição Federal.

2.4 - LIMITES E POSSIBILIDADES DA AUTONOMIA UNIVERSITÁRIA

Por autonomia entende-se a possibilidade de uma entidade jurídica reger-se por suas próprias normas, dentro dos limites estabelecidos pelo sistema normativo vigente. Assim, a autonomia universitária assegura às universidades a liberdade para regerem-se por normas próprias no cumprimento de suas finalidades sociais. Essa autonomia está estreitamente relacionada com o exercício das atribuições universitárias no atendimento das demandas decorrentes dos interesses da sociedade.

A autonomia universitária visa assegurar às universidades públicas federais o seu autogoverno, para administrar os seus interesses no desenvolvimento da sua função social no que concerne ao ensino, à pesquisa e à extensão universitária. As prerrogativas inerentes à autonomia deverão ser percebidas como um conjunto de direitos assentado numa base de deveres e responsabilidades sociais.

A teor do artigo 207 da Constituição Federal e da lei de diretrizes e bases da educação nacional (Lei nº 9.394/96), as universidades públicas federais integram o ordenamento jurídico brasileiro como entidades jurídicas de direito público, criadas por lei, com personalidade jurídica própria e autonomia.

Como se observa, a Constituição Federal e as normas que a complementam trazem os princípios fundamentais configuradores das universidades públicas federais como entidades jurídicas possuidoras de autonomia, ligadas ao Ministério da Educação. Apesar disso, alguns órgãos governamentais, tem submetido essas instituições a atos administrativos nocivos à autonomia universitária.

Em razão da indispensável autonomia, as universidades públicas federais não se enquadram na figura jurídica da autarquia administrativa, pois possuem características distintas. A figura institucional da universidade clássica adotada em função de sua autonomia, não pode ser confundida com autarquia que é um organismo totalmente diferente.

Ao considerar as universidades como sendo autarquias educacionais, o Governo Federal passou a submetê-las a diversos atos administrativos que não lhes dizem respeito, causando-lhes, dessa forma, enormes prejuízos. Além disso, inúmeros outros atos administrativos endereçados a órgãos pertencentes à administração direta, também são aplicados às universidades, emperrando o andamento das suas atividades acadêmicas. Geralmente, são atos administrativos que tratam de problemas de pessoal ou financeiros, que interferem indevidamente no exercício da autonomia universitária.

A política de controle das universidades públicas federais, operada pelo Governo Federal, deveria direcionar-se estritamente para os objetivos gerenciais, deixando todas as demais questões à decisão de cada uma das universidades. Dessa forma, a universidade encontraria por si mesma a melhor maneira de exercitar a sua autonomia no desenvolvimento das atividades acadêmicas essenciais ao atendimento das demandas da sociedade.

Até meados da década de quarenta, as universidades instituídas pelo Governo Federal possuíam orçamento fixado pelo Congresso Nacional e as funções do conselho universitário eram bastante limitadas. Atualmente elas possuem orçamento global, cabendo ao conselho universitário juntamente com o conselho de curadores, a discriminação da despesa.

O sistema de orçamento global adotado pelo Governo Federal para para as universidades públicas federais têm interferido no exercício da autonomia, pois pelo mesmo elas não se responsabilizam pela utilização do montante dos recursos públicos relativos ao pagamento da folha de pessoal, que é decidido pelo Ministério da Educação. O que impossibilita que esses recursos públicos sejam utilizados de forma mais eficiente pelas instituições universitárias.

> *"Em outras palavras, na medida em que as universidades dependem da mediação do Estado para captação de considerável parcela de seus recursos, ficam com sua liberdade restringida pelo controle que aquele tem de exercer, inclusive porque o Estado deve satisfações à sociedade".* (VERGARA, 1988, p. 88).

Uma vez reconhecido que o financiamento das universidades públicas federais é um dever inarredável do Governo Federal como os recursos financeiros provêm dos cofres públicos, a autonomia universitária não pode servir de argumento para afastar a incidência de controle sobre eles. Assim, a fiscalização da utilização dos recursos públicos colocados à disposição dessas universidades, longe de ser uma ingerência indevida, constitui-se numa garantia de que eles estão sendo utilizados de acordo com os interesses públicos.

Através da implementação de uma política de controle traçada em harmonia com a autonomia universitária, o Estado poderá revigorar as universidades públicas federais. Para tanto, essa política estabelecerá apenas as suas diretrizes, deixando a institucionalização procedimental a cargo de cada uma das universidades, para que cada uma delas possa, assim, traçar individualmente a sua estratégia política de desenvolvimento institucional. Nas instituições universitárias, por iniciativa estatal, o controle se efetivaria por mecanismos sociais, operados tanto interna quanto externamente às universidades.

Em função da autonomia constitucionalmente assegurada, no que se refere à questão financeira, as instituições universitárias deveriam sujeitar-se apenas aos atos do Governo Federal relativos à elaboração do orçamento e a prestação de contas. Mais que isso ultrapassaria os limites legais e tenderia a embaraçar a ação administrativa universitária, em prejuízo da autonomia. Já no caso de problemas relativos ao pessoal, a intervenção governamental deveria restringir-se apenas às disposições previstas na lei de diretrizes e bases da educação nacional e nas leis instituidoras e reorganizadoras das universidades públicas federais. Mesmo porque, as atribuições legalmente outorgadas ao reitor e ao conselho universitário para atuarem na área de pessoal são amplas. Apesar disso, atos governamentais dirigidos à administração direta ou à autárquica tem sido aplicados também às universidades. Dada a urgência e complexidade dos serviços universitários, em razão das interferências perpetradas na autonomia da universidade, essa deixa de realizar, a tempo, atividades imprescindíveis ao seu funcionamento regular.

O Estado outorgou às universidades públicas federais, competências especiais para que desenvolvessem atividades de interesse do país, concedendo-lhes recursos financeiros previstos no orçamento da União. Por isso, é inconcebível que, procrastinando providências administrativas, atrapalhe a efetivação daquelas atividades. As interferências governamentais ao exercício da autonomia universitária tem pedido que as universidades cumpram a função social a que estão encarregadas.

Embora criadas e mantidas pelo Estado, as universidades públicas federais são, histórica e funcionalmente merecedoras da autonomia essencial ao desenvolvimento de suas atribuições sociais, estando sujeitas apenas às diretrizes gerais traçadas pelo Estado para a política educacional. Assim, a autonomia universitária constitui-se numa prerrogativa que a universidade possui para atingir os seus objetivos de produzir e disseminar o saber, em atendimento às demandas da sociedade.

Como instituições sociais democráticas, as universidades públicas federais carecem de autonomia para melhor desempenhar as suas atribuições. Acontece que, pelo fato de serem financiadas por recursos orçamentários provenientes do Estado, os repasses financeiros pode vir acompanhados de controles administrativas capazes de provocar interferências estatais na gestão universitária, dificultando e até impedindo o exercício efetivo da autonomia legalmente prevista. Dada a frequência dessas interferências, urge que se encontre meios adequados para a proteção das universidades contra essa ingerência impertinente.

O exercício da autonomia universitária na gestão dos recursos orçamentários necessários à produção acadêmica, bem como na escolha dos dirigentes dos órgãos executivos e deliberativos universitários, vinculam-se à questão democrática que envolve a universidade e a sociedade.

Nos termos da legislação vigente, o exercício da autonomia universitária tem início na elaboração do estatuto da universidade, onde é estabelecida a estrutura organizacional e normas que determinam a forma pela qual a autonomia assegurada pela Constituição Federal será exercida no âmbito universitário.

No âmbito interno da universidade pública federal, a autonomia universitária relaciona-se com a democratização da universidade mediante a eleição dos dirigentes universitários, representações nos órgãos colegiados universitários e gestão democrática que incentive a participação dos três segmentos integrantes da instituição universitária tanto no planejamento quanto no desenvolvimento das ações universitárias.

Na falta de autonomia, as responsabilidades dos dirigentes universitários tendem a ser transferidas para o Governo Federal, ao passo que, com a existência de liberdade de ação a postura deles será a de tomarem para si a responsabilidade pelo gerenciamento pleno da instituição universitária. A garantia de melhoria do desempenho da universidade no atendimento das demandas sociais passa pelo envolvimento das bases acadêmicas nos diversos níveis do processo decisório universitário.

A eliminação dos controles burocráticos que emperram a ação administrativa das instituições universitárias pressupõe a ampliação da autonomia universitária e, como conseqüência, o aumento da responsabilidade gerencial. Sabe-se que a excessiva centralização administrativa tende a inibir a criatividade institucional, por isso, o afastamento de condicionamentos funcionais pode tornar a administração universitária mais criativa na busca de soluções para os seus problemas.

<u>Capítulo 3</u>

ESTRUTURA ORGANIZACIONAL DAS UNIVERSIDADES PÚBLICAS FEDERAIS

Nos capítulos antecedentes discorreu-se resumidamente sobre as características gerais inerentes às universidades e a autonomia universitária, como uma preliminar ao estudo dos aspectos internos da instituição universitária. Portanto, neste capítulo pretende-se abordar a estrutura organizacional das universidades públicas federais a partir da observação de reuniões do conselho universitário da Universidade Federal Fluminense e da análise dos discursos oficiais (legislação educacional, estatutos e regimentos gerais), averiguando como normatizam as instâncias decisórias e os níveis de participação dos membros integrantes da organização universitária no processo de tomada de decisão. A preocupação maior será, basicamente, refletir sobre instâncias decisórias e participação no âmbito universitário, para que se possa, em seguida, proceder a análise do sistema de escolha dos dirigentes universitários.

Nas universidades públicas federais, os relacionamentos contendo níveis variáveis de poder se estruturam de forma hierárquica, na qual cada um dos seus detentores possui um lugar determinado na ordem organizacional. Isso possibilita a ocorrência da distribuição da autoridade onde a participação de cada um dos seus detentores se efetiva de acordo com o que detém, amenizando os conflitos e contribuindo para a estabilidade da estrutura da organização universitária.

3.1 - INSTÂNCIAS DECISÓRIAS UNIVERSITÁRIAS

Na estrutura organizacional das universidades públicas federais brasileiras ocorre a operacionalização das relações de poder, de forças que, internamente, referem-se aos processos decisórios universitários, enquanto que, externamente, vinculam-se à questão da autonomia nos relacionamentos da universidade com o Governo Federal. Essa estrutura organizacional inicia-se, historicamente, na década de trinta, quando ela foi efetivamente organizada. Em decorrência da revolução de 1930, o quadro social, econômico e político se reorganizou, trazendo consigo a estruturação do ensino superior brasileiro.

O estatuto das universidades brasileiras (Decreto nº 19.851/31) tratou da estrutura da universidade, estabelecendo que sua organização seria composta por um reitor, um conselho universitário e uma assembléia universitária, ao passo que as unidades de ensino seriam administradas e por um conselho técnico-administrativo e uma congregação. Estabeleceu ainda que o conselho universitário seria integrado pelos diretores das unidades de ensino; um representante de cada uma delas, eleito pela respectiva congregação; um representante dos docentes e um representante do diretório central dos estudantes. Possuindo as funções de natureza administrativa, didática e disciplinar, a ele caberia a responsabilidade pela organização da lista tríplice através da qual o reitor seria escolhido pelo Governo Federal.

Com relação às unidades de ensino, determinou que o conselho técnico-administrativo seria composto por docentes catedráticos. Cabia a esse conselho cuidar dos bens e dos assuntos de ordem didática, desde a organização dos horários de cursos até a designação de docentes. Era também responsável pela organização do regimento interno e pela elaboração da proposta orçamentária anual. Já à congregação — composta pelos docentes catedráticos efetivos, docentes-livres em exercício de cátedra e um representante dos docentes-livres eleito por seus pares — competia a organização da lista tríplice para a escolha do diretor da unidade de ensino da lista para compor o conselho técnico-administrativo, sugestão de providências para o aperfeiçoamento do ensino e decisão dos recursos relacionados ao ensino.

A estrutura organizacional das universidades públicas federais surgiu, historicamente, da partilha de poder entre reitores e diretores de unidades de ensino. Com a reforma universitária (Lei n° 5.540/68), ela foi reorganizada, quando os reitores e os vices-reitores passaram a ser escolhidos pelo Presidente da República, através de listas sêxtuplas elaboradas pelo conselho universitário. Os dirigentes das unidade de ensino também eram escolhidos indiretamente, com submissão ao referendo do reitor. Foram criados os departamentos de ensino em substituição às catedrais então existentes. A partir dessa reforma, estruturalmente, a administração superior universitária passou a ser feita através dos conselhos universitário e de ensino e pesquisa, enquanto que ao conselho de curadores caberia a aprovação das ações econômico-financeiras das universidades.

Na estrutura organizacional das universidades públicas federais brasileiras, a distribuição dos níveis de autoridade é um componente fundamental. Através dela visualizanos e entendemos a estrutura hierárquica das instâncias decisórias prevista nas normas legalmente constituídas, consistentes nos estatutos e regimentos, nos quais estão os organismos universitários deliberativos, constitutivos e executivos.

3.1.1 - ADMINISTRAÇÃO UNIVERSITÁRIA SUPERIOR

Atualmente a cúpula da administração das universidades públicas federais é constituída pelos conselhos universitário, de ensino e pesquisa e de curadores (órgãos exigidos pela legislação reguladora do ensino) e pela reitoria. Às vezes, em algumas universidades, os conselhos superiores possuem denominações diferentes ou subdividem-se em outros, porém, as atribuições são sempre aquelas previstas nas normas legais.

O conselho universitário, órgão máximo de deliberação coletiva da universidade, abarca o maior poder deliberativo existente na estrutura universitária. Na sua composição tem o reitor como seu presidente, vice-reitor, ex-reitor, sub ou pró- reitores ou decanos nomeados pelo reitor, diretores ou decanos dos centros universitários, diretores das unidades de ensino, representante dos servidores docentes, dos técnico-administrativos, dos alunos e da comunidade, sendo estes eleitos pelo próprio conselho, representando as classes produtoras locais. As suas atribuições são amplas, indo desde que a aprovação do próprio regimento, organização de listas para a escolha de reitor e vice-reitor, concessão de títulos honoríficos, reconhecimento de órgãos estudantis, até a indicação de representantes para outros órgãos colegiados. Além disso, em decorrência de seu poder de revisão das decisões tomadas em outras instâncias, limita a atuação dos demais conselhos superiores.

A composição do conselho universitário evoluiu da versão inicial de colegiado de diretores de unidades de ensino prevista no estatuto das universidades brasileiras de 1931, para outra que possibilita a participação de representantes dos diversos segmentos da organização universitária. Dada a importância das suas decisões, o número de representantes de servidores docentes, técnico-administrativos e alunos é bastante pequeno.

O conselho de ensino e pesquisa (com seus vários nomes: conselho de coordenação; conselho superior de ensino, pesquisa e extensão; conselho de coordenação do ensino e da pesquisa; câmera de ensino e pesquisa; conselho de graduação; conselho para graduados; etc.), é composto pelo reitor, vice-reitor, sub ou pró-reitores ou decanos, diretores (decanos) de centros universitários ou diretores de unidades de ensino, representante dos servidores docentes, técnico-administrativos, dos alunos e da comunidade. Além das suas atribuições específicas e peculiares de coordenação e supervisão relativas ao ensino, a pesquisa e a extensão, ao conselho de ensino e pesquisa compete: aprovar seu próprio regimento, integrar o colégio eleitoral para a escolha do reitor e vice-reitor; fixar diretrizes e normas referentes à política de ensino, pesquisa e extensão; fixar regras complementares sobre vestibular, currículos, programas, matrículas de alunos, concurso de habilitação de pessoal docente; aprovar o calendário escolar; opinar sobre transferência, criação, função, incorporação ou extinção de cursos; julgar recursos do reitor, conselhos de centros universitários e outros órgãos colegiados inferiores.

O conselho de curadores ou de administração é normalmente composto pelo reitor, representante do conselho universitário ou da reitoria, representante do Governo Federal, representantes dos servidores docentes, dos técnico-administrativos, dos alunos e da comunidade. Tem como atribuições: fiscalizar a execução econômico-financeira da universidade, pronunciar-se sobre a proposta orçamentária, balanços e prestação de contas e opinar sobre o orçamento e a alienação do patrimônio da universidade. Em algumas universidades, tem parte de suas atribuições principais abarcadas pelo conselho universitário, possuindo apenas caráter opinativo.

A reitoria, dirigida pelo reitor, é o órgão central executivo que fiscaliza e superintende todas as atividades universitárias, tanto administrativas quanto acadêmicas. As suas atribuições são exercidas pelo reitor, vice (pró ou sub)-reitores ou decanatos de planejamento, acadêmico, graduação e pesquisa, extensão ou autoridades equivalentes e assessores. O reitor e vice-reitor são nomeados pelo Presidente da República, enquanto que os demais ocupantes de cargos na reitoria são nomeados pelo reitor. São atribuições do reitor, entre outras: coordenar e superintender todas as atividades da universidade, representá-la em todas as circunstâncias e baixar as resoluções e portarias decorrentes das decisões dos conselhos universitário e de ensino e pesquisa; nomear, admitir, contratar, punir, aposentar, renomear, designar, demitir, exonerar, afastar temporariamente, licenciar o pessoal docente e técnico-administrativo, bem como, praticar todos os demais atos inerentes à administração de pessoal, exercer o poder disciplinar previsto na legislação universitária, decidir *ad referendum* dos órgãos competentes, instituir e nomear os membros de comissões especiais permanentes e provisórias, etc. Através de suas atribuições, o reitor centraliza em suas mãos todo o poder executivo universitário. Já os vice-reitores, pró-reitores, sub-reitores ou decanos, em auxílio ao reitor, coordenam e controlam as atividades da universidade segundo as diretrizes traçadas pelo reitor; cumprindo e fazendo cumprir as normas legais, estatutárias e regimentais, bem como as deliberações dos órgãos colegiados superiores.

Como se observa, nos termos da legislação em vigor, são órgãos colegiados superiores imprescindíveis e obrigatórios na estrutura organizacional das universidades públicas federais: o conselho universitário, órgão máximo de deliberação coletiva da universidade, que desde o estatuto das universidades brasileiras de 1931 é o responsável maior pela administração universitária, mas que em alguns momentos e determinados casos, tem servido tão somente para homologar decisões da reitoria; o conselho de ensino e pesquisa, a quem cabe a supervisão e coordenação didática geral da universidade; e o conselho de curadores, com a atribuição de exercer a fiscalização econômico-financeira da universidade.

3.1.2 - ADMINISTRAÇÃO UNIVERSITÁRIA SETORIAL

Na na estrutura organizacional das universidades públicas federais, a administração setorial apresenta-se de três formas diferentes: universidade com centros universitários coordenando faculdades/escolas/institutos com estes últimos coordenando os departamentos de ensino, universidades com centros universitários coordenando os departamentos de ensino e universidades com faculdades/escolas/institutos coordenando os departamentos de ensino. Comumente, a administração setorial das diversas universidades integra-se por centros universitários e respectivos conselhos, unidades de ensino e seus conselhos, departamentos de ensino e plenárias departamentais, além de coordenações de cursos de graduação e pós-graduação, com seus colegiados.

O conselho de centro universitário ou de coordenação tem como membros o diretor do centro ou decano, os diretores das unidades de ensino que o integram, representantes dos servidores docentes, dos técnico-administrativos e dos alunos. Como órgão de caráter deliberativo e consultivo, tem competência para: promover a coordenação e integração do ensino e da pesquisa das unidades de ensino que o integram; propor alteração de currículo dos cursos de sua área de abrangência; propor acordos e convênios de interesse do centro universitário; deliberar a respeito de assuntos de natureza didática, técnica e científica; responder às consultas que lhe são formuladas; designar comissões especiais; etc. A diretoria do centro universitário é um órgão executivo, dirigido por um diretor ou decano nomeado pelo reitor, com competência para dirigir, coordenar, fiscalizar e superintender as atividades do centro, encaminhar proposta orçamentária, cumprir e fazer cumprir as decisões do conselho de centro ou de coordenação e dos órgãos superiores da universidade e exercer o poder disciplinar no âmbito de sua jurisdição.

O colegiado de unidade de ensino (faculdade, escola ou instituto), ou congregação, presidido pelo diretor da unidade de constituído pelos chefes de departamentos de ensino, representante dos servidores docentes, técnico-administrativos e dos alunos, tem como competência: regulamentar no que se refere à sua jurisdição a execução das normas oriundas dos órgãos superiores da universidade, propor a concessão de títulos honoríficos, julgar recursos contra atos do diretor da unidade, opinar ou deliberar sobre matérias de sua competência, etc. A diretoria da unidade é composta por um diretor e seu respectivo vice nomeados pelo reitor, com a competência de superintender as atividades da unidade, executar e fazer executar as resoluções e as decisões do colegiado de unidade, representar a unidade em atos e atividades universitárias, dirigir e administrar a unidade, etc.

O departamento de ensino das universidades públicas federais constitui-se na menor fração da estrutura universitária para efeitos de organização administrativa, didático-científica, distribuição de pessoal e disciplinas afins. A plenária departamento compõe-se por seus servidores docentes, representantes dos servidores técnico-administrativos e dos alunos. O departamento de ensino é dirigido por um chefe e um subchefe nomeados pelo reitor.

Ao departamento de ensino compete: elaborar planos de trabalho distribuindo os encargos de ensino, pesquisa e extensão aos servidores docentes que o integram; coordenar o trabalho do pessoal docente visando a unidade e a eficiência do ensino, da pesquisa e da extensão;

aprovar as emendas, os planos e os programas das matérias e disciplinas; aprovar os projetos de pesquisa e extensão; opinar sobre a criação e extinção de cursos de seu interesse; tomar providências de ordem administrativa, financeira, disciplinar e didático-científica que julgar aconselháveis à boa marcha de seus trabalhos; um propor a admissão ou o afastamento dos seus servidores docentes e técnico-administrativos, bem como, o regime de trabalho a que estejam submetidos, de acordo com as normas legais, estatutárias e regimentais; promover e estimular a prestação de serviços à comunidade, além de propor os projetos de pesquisa e os planos de cursos de aperfeiçoamento, pós-graduação e extensão; organizar o trabalho docente, administrativo e discente, elaborando o plano geral para cada período letivo.

Já ao chefe do departamento compete: dirigir, coordenar e supervisionar todas as atividades da competência do departamento; executar o fazer executar as resoluções e decisões do departamento; adotar as medidas disciplinares no âmbito do departamento; promover estudos relativos à elaboração de planos de atividades e de mobilização e harmonização de recursos materiais, administrativos e financeiros destinados ao departamento; representar o departamento em outros órgãos da universidade.

O colegiado de curso de graduação ou de pós-graduação é constituído pelos servidores docentes do respectivo curso e dos representantes dos servidores técnico-administrativos e dos alunos. Cabe ao colegiado de curso: estabelecer as diretrizes para elaboração dos planos de curso e integrar os planos elaborados; orientar, coordenar e fiscalizar as atividades do curso, além de apreciar os pedidos de transferência e estudar os casos de equivalência de disciplinas. O colegiado de curso é presidido por um coordenador nomeado pelo reitor, com a competência de convocar e presidir o colegiado, executar ou fazer executar as resoluções e decisões do colegiado, decidir sobre as adaptações de currículos e questões correlatas, representar o colegiado, etc.

A descrição das atribuições dos cargos que integram a estrutura organizacional da universidade demonstra que os órgãos onde se concentram a maioria das decisões universitárias são a reitoria, o conselho universitário e o conselho de ensino e pesquisa. Isso significa que a maioria das decisões administrativas e acadêmicas importantes para os diversos setores acadêmicos são tomadas, não por eles, mas pela cúpula universitária.

Já o fato da nomeação dos dirigentes dos órgãos setoriais ser feita unicamente pelo reitor demonstra, por sua vez, a existência de um elevado grau de concentração da autoridade no âmbito da universidade. Esse fato tende a afastar os segmentos integrantes da organização universitária de uma participação mais efetiva no processo decisório.

Pela comparação entre as atribuições dos órgãos descritos é possível avaliar o quanto a concentração de autoridade se faz presente na organização universitária pelas suas práticas administrativas e o quanto os fatores políticos e administrativos do país as condicionou e favoreceu. Isso demonstra que nas universidades públicas federais, as atividades administrativas e acadêmicas ainda baseiam-se no caráter autoritário do modelo político e social brasileiro.

Na verdade, a estrutura organizacional da universidade continua perpetuando a polarização de poder que existia na época do surgimento da universidade, em decorrência do pacto firmado entre reitores e diretores de unidades de ensino. Embora aparente o comprometimento de um maior número de pessoas nas deliberações, a multiplicação dos órgãos colegiados propiciou um alargamento da área de manobra dos arranjos da cúpula universitária. Isso contribui para aumentar a burocratização da universidade pois ao diluir os níveis de autoridade, diminui a apropriação da responsabilidade acadêmica e a consistência das decisões.

3.1.3 - ORGANIZAÇÕES SINDICAIS E ESTUDANTIS NA UNIVERSIDADE

A estrutura organizacional das universidades públicas federais não permite que os seus servidores docentes e técnico-administrativos tenham uma participação verdadeiramente efetiva nas instâncias decisórias universitárias, daí, eles passaram a organizarem-se em sindicatos para fortalecerem-se na luta reivindicatória por maior participação no processo decisório universitário. Embora tenham surgido com bandeiras reivindicatórias tipicamente trabalhistas, os sindicatos sempre defenderam questões de base da organização universitária, como aquelas relacionadas a uma maior participação nas tomadas de decisão no âmbito universitário.

Os servidores docentes das universidades públicas federais se organizam em sindicatos locais, em cada universidade onde atuam profissionalmente, com os objetivos, entre outros, de lutar pela gestão democrática nas instituições de ensino superior, defender a educação como um bem público e uma política educacional que atenda às necessidades da população, divulgar para a sociedade os problemas da educação visando obter apoio para sua solução e trabalhar no sentido de conscientizar a sociedade quanto ao papel de importância da universidade pública federal. Conforme os seus estatutos, os sindicatos locais dos servidores docentes são entidades democráticas, autônomas e independentes em relação ao Estado e às administrações universitárias. Constituiem-se em seções sindicais do Sindicato Nacional dos Docentes das Instituições de Ensino Superior - ANDES Sindicato Nacional.

Nas universidades públicos federais, os servidores técnico-administrativos criaram sindicatos baseados nos princípios da independência, autonomia frente ao Estado e democracia participativa. Criados com a finalidade de defesa e representação legal, esses sindicatos têm como objetivos, entre outros, lutar pela melhoria das condições de trabalho, da defesa dos seus direitos e interesses e lutar intransigentemente em defesa do patrimônio público. De acordo com seus estatutos, os sindicatos dos servidores técnico administrativos integram nacionalmente a Federação de Sindicatos de Trabalhadores Técnico-Administrativos em Instituições de Ensino Superior Públicas do Brasil - FASUBRA Sindical.

A organização dos estudantes universitários em diretório central e diretórios ou centros acadêmicos dos cursos, está prevista nos estatutos e regimentos gerais das universidades públicas federais. O diretório central e os diretórios ou centros acadêmicos dos estudantes universitários, nos termos dos seus regimentos, tem como finalidades principais: a representação e a defesa dos interesses dos estudantes, com as prerrogativas de representálos perante as autoridades administrativas da universidade e fora dela; concorrer para o aprimoramento das instituições democráticas e pugnar pelo contínuo progresso da universidade e pelo aperfeiçoamento do ensino. Vinculam-se nacionalmente à União Nacional dos Estudantes - UNE, que após ter sido extinta pela ditadura militar de 1964, renasceu com o objetivo de mobilizar e liderar os estudantes na busca de maior participação no processo decisório da universidade.

No âmbito das universidades públicas federais, tanto o sindicato dos servidores docentes e técnico-administrativos quanto os diretórios ou centros estudantis, lutam por maior participação legal nos organismos oficiais, em defesa de um programa de reformas que corresponda aos interesses e objetivos da maioria dos integrantes da organização universitária, denunciam as tramas e os conchavos que se realizam no processo decisório universitário, além de programarem ações de mobilização reivindicatória de melhores condições de trabalho e ensino de qualidade.

A participação dos sindicatos de servidores docentes e técnico-administrativos, assim como, dos diretórios de estudantes visa contribuir criticamente para que o poder universitário se dilua em suas próprias contradições permitindo que, aos poucos, e sucessivamente os três segmentos integrantes da organização universitária ocupem os espaços vazios que forem sendo deixados com o desaparecimento das velhas estruturas autoritárias. A princípio, desponta uma certa dualidade de poder, mas com o decorrer do tempo tende a sugir a possibilidade de se efetivar uma cogestão administrativa na universidade, mediante a institucionalização da representação dos três segmentos da comunidade universitária nos órgãos deliberativos da universidade.

3.2 - PROCESSO DECISÓRIO UNIVERSITÁRIO

A lei de diretrizes e bases da educação nacional (Lei n° 9.394/96) seguindo a Constituição Federal, prega a gestão democrática do ensino público como um dos princípios educacionais. Determina que as universidades públicas federais obedeçam ao princípio da gestão democrática, assegurando a existência de órgãos colegiados deliberativos, com a participação dos segmentos da comunidade institucional, local e regional. Apesar disso, de forma contraditória, autoritária e em detrimento dos servidores técnico-administrativos e dos estudantes, outorgou à categoria dos servidores docentes praticamente todo o poder de decisão no âmbito universitário, ao estabelecer que setenta por cento dos assentos serão ocupados por esse segmento, em todos os colegiados e comissões, inclusive nos que tratarem de modificações estatutárias e regimentais e de escolha de dirigentes. Esse dispositivo legal além de ser passível de uma declaração de morte autonomia administrativa prevista no artigo 207 da Carta Magna, tem o condão de desmotivar o engajamento participativo dos servidores técnico-administrativos e estudantes nas decisões sobre os destinos da universidade.

Nas universidades públicas federais, os órgãos colegiados superiores tem entre seus membros representantes de grupos de interesses. Às vezes, o grupo que está no comando da universidade detém a maioria votante. Isso acontece porque a maioria dos estatutos universitários asseguram ao reitor a designação de ocupantes de cargos de confiança nomeados por ele para integrar os referidos órgãos. Esse fenômeno muitas vezes se estende a outras instâncias inferiores da universidade onde não é raro observar grupos oligárquicos dominando parte da administração universitária setorial. A fidelidade é uma das virtudes manifestadas pelos dirigentes universitários a quem os nomeou e mantém no cargo, tendendo a ficar sempre do lado daqueles que os sustentam. Enquanto a representação dos servidores docentes e estudantes é mínima, a dos servidores técnico-administrativos é praticamente inexistente. Uma vez atrelados ao reitor, os órgãos colegiados deixam de exercer função verdadeiramente deliberativa, passando a exercer apenas a consultiva. Em decorrência disso, os órgãos executivos universitários, que deveriam apenas executar as decisões dos colegiados, passam a centralizar em suas mãos todas as funções, tanto as executivas quanto as deliberativas.

Os órgãos deliberativos superiores da universidade, na maioria das vezes, são integrados por ocupantes de cargos executivos sem que tivessem sido eleitos especificamente para ocupar cargo deliberativo ou são nomeados diretamente pelo reitor ou ainda, através da interferência do reitor, de forma que as funções exercidas fiquem ligadas e submetidas ao comando da reitoria. Isso propicia aliciamentos, cooptações ou coações que levam à manipulação dos órgãos deliberativos pela reitoria, reduzindo-os a entes homologatórios de decisões de outras instâncias universitárias. Já os cargos executivos são ocupados através de nomeações diretas do reitor ou escolhidos dentre listas tríplices, organizadas por órgãos deliberativos cuja constituição antidemocrática retira dos escolhidos a legitimidade da representação normalmente concedida nos processos realizados com a participação dos segmentos integrantes da organização universitária.

Se a centralização administrativa e orçamentária na universidade for considerada como sendo decorrente da falta de autonomia do centro universitário e da unidade de ensino (faculdades, escolas e institutos) para decidirem questões administrativas e financeiras ante a autoridade exercida pelo reitor sobre todos os setores universitários, assim como do centro sobre a unidade e desta sobre o departamento de ensino, conclui-se que existe um domínio absoluto do setor universitário superior sobre o inferior. Esse fato demonstra que apesar da autoridade se distribuir formalmente nos diferentes níveis hierárquicos da estrutura organizacional universitária, na prática, ela se torna ampla nos níveis superiores enquanto diminui na base.

As manifestações da cúpula administrativa universitária visando garantir seus objetivos pessoais, em detrimento dos desejos dos diversos setores subalternos, são respaldadas pelos estatutos e regimentos universitários que ao invés de protegerem as bases organizacionais, são orientados para a proteção da autoridade. Essas articulações exclusivas de cúpula decorre do formalismo do processo decisório universitário, o qual não permite a manifestação das expressões do sentimento das maiorias existentes no âmbito da universidade fora das formas e circunstâncias fixadas nos referidos estatutos e regimentos.

Apesar da estrutura organizacional da universidade hierarquizar o processo decisório, o que ocorre é uma mera delegação de tarefas sob a forma ilusória de delegação de autoridade. Os dirigentes setoriais não decidem as questões referentes à sua competência administrativa, apenas cumpre mecanicamente as tarefas que lhe são atribuídas pela administração superior, sem desenvolver nenhuma atividade criativa nos cargos que ocupam, nem exercer qualquer atividade de caráter decisório. Dessa forma, a dinâmica administrativa é operada mediante requerimentos encaminhados às instâncias decisórias superiores pelas inferiores.

3.3 - A UNIVERSIDADE E AS PRÁTICAS AUTORITÁRIAS

Através das práticas e rituais originados dos recursos pedagógicos e das normas legais, estatutárias e regimentais da universidade, a ideologia dominante é inculcada. Embora os regulamentos pareçam neutros, na verdade são reais e concretos. É através deles que as representações dominantes são submetidas às pessoas. Na administração das universidades públicas federais brasileiras, como em qualquer outro organismo social equivalente, ocorrem relações de mando e obediência entre seus integrantes, das quais podem emanar decisões de autoridade ou autoritárias, dependendo de como se processam as referidas relações pois a prática autoritária não emerge espontaneamente das normas legais, estatutárias e regimentais, embora busque nelas os antecedentes que a torna possível. Assim, as práticas autoritárias existentes nas universidades públicas federais decorre dos traços autoritários encontrados no próprio Estado e na sociedade. *"O contexto centralizador e autoritário em que temos vivido influi ideologicamente na universidade, favorecendo uma concepção do poder como dominação".* (REZENDE, 1986, p. 9).

Em decorrência dos mecanismos institucionalizados concentradores da autoridade, a estrutura organizacional da universidade concretizase por um processo decisório burocratizado onde as decisões mais importantes são tomadas independentemente da participação efetiva dos servidores docentes e técnico-administrativos e dos estudantes.

Nos meios universitários é comum dizer que as universidades públicas federais brasileiras sempre reproduziram e reproduzem as práticas autoritárias existentes na sociedade. Essas práticas estão previstas nos estatutos e regimentos, através do formalismo eleitoral ou na cooptação dos dirigentes dos órgãos executivos e deliberativos, no cerceamento do direito dos segmentos integrantes da organização universitária em opinar sobre questões relativas à política financeira, de pessoal ou de ensino e pesquisa. *"A universidade é rica em princípios e é pobre em organização democrática"*. (TRAGTENBERG, 1990, p. 73).

A ampliação da participação dos segmentos integrantes da organização universitária e no processo decisório universitário é estratégia primordial à democratização da universidade, que se viabilizará pelo aumento da representação dos integrantes da organização universitária e dos setores mais organizados da sociedade junto às instâncias decisórias da universidade. Mesmo porque, numa estrutura administrativa autoritária, rígida e centralizadora como a da instituição universitária, o monopólio da autoridade tende a molestar os princípios de descentralização, flexibilidade e participação dos integrantes da organização universitária, preconizados e fundamentados pela lei de diretrizes e bases da educação nacional. Daí, somente a participação organizada, direta ou indireta dos segmentos universitários, na elaboração dos dispositivos normativos, na deliberação e no processo decisório será eficiente no desencadeamento do processo de democratização que superará certos traços autoritários tão arraigados nas relações de poder da universidade.

Na estrutura organizacional da universidade, o poder encontra-se subdividido em diversos níveis que, sobrepostos, configuram a sua estrutura hierárquica, na forma de uma pirâmide. Todavia, para que ocorra a sua democratização, o poder deve fluir na base para o cume, sem a existência de monopólio de nenhuma de suas instâncias, nem mesmo daquela que está na cúpula da administração universitária. Isso é necessário para que cada instância se autogoverne pois a subordinação da instância inferior à superior se expressa na política que visa o bem comum que todos almejam e não do vínculo ao arbítrio dos órgãos da administração superior. Nessa perspectiva, a administração universitária deve visar sempre a vontade comum, excluindo de suas entranhas qualquer prática de cunho autoritário.

3.4 - A PARTICIPAÇÃO NA UNIVERSIDADE

O processo de participação no seio da instituição universitária é uma exigência natural dos mecanismos de aprendizagem, da relação pedagógica entre docente e estudante. A participação, mesmo sendo considerada necessária na distribuição de responsabilidades entre os segmentos integrantes da organização universitária para a tomada de decisões dentro da universidade, ainda não foi efetivamente implantada, embora seja proposta constantemente presente nas pautas de reivindicações das associações sindicais dos servidores docentes e técnico-administrativos e das agremiações estudantis. *"Administração participativa é uma nova forma do indivíduo assumir a responsabilidade de suas atividades, com poder para influir sobre o conteúdo e a organização dessas atividades".* (PELLEGRINI, 1986, p. 125).

Por participação universitária entende-se a possibilidade dos segmentos integrantes da organização universitária tornarem-se corresponsáveis na gestão da universidade, como partes ativas da sua organização. Já a representação consiste no processo pelo qual os integrantes da organização universitária constitui representante para atuar em seus nomes como corresponsáveis na gestão universitária.

> *"A universidade se esclerosa na burocratização na medida em que não há participação do aluno, professor e funcionários nas decisões básicas. Isso leva a baixar o nível de motivação no aluno ao receber conhecimentos, no professor em transmiti-los e no funcionário em executar suas funções".* (TRAGTENBERG, 1990, p. 58).

Democratizar a universidade quer dizer estabelecer os mecanismos necessários para que os seus segmentos integrantes possa participar dos processos decisórios. Os referidos mecanismos tanto podem prescrever que a participação se dê de forma direta, mediante eleições ou assembléias, ou de forma indireta, por órgãos colegiados, nos quais, cada um dos segmentos estejam efetivamente representados. Por outro lado, a participação não pode significar a destruição da hierarquia acadêmica, sem a qual as universidades não sobrevivem. Por isso, no exercício de sua autonomia, à universidade cabe a busca dos mecanismos de democratização interna mais adequada à sua natureza.

A democratização da universidade tem como objetivo o desmantelamento das relações de dependências existentes no seu âmbito interno. Assim, devem ser estabelecidos mecanismos que torne possível a participação dos servidores docentes e técnico-administrativos e dos alunos nos processos decisórios.

Partindo do pressuposto de que a configuração e funcionamento dos órgãos deliberativos na universidade respondem a uma democracia puramente formal na qual os diversos segmentos integrantes da organização universitária se acham em condições desiguais de participação, contribuindo assim para a prevalência da concentração da autoridade nas mãos de alguns dirigentes universitários, a gestão nas universidades públicas federais deve apoiar-se no estabelecimento de relações internas democráticas. Pois talvez essa seja a forma pela qual a gestão poderá melhorar, na medida em que, sendo fruto da vontade comum, contará com o engajamento dos diferentes segmentos integrantes da organização universitária para atingir os objetivos traçados pelos mesmos.

Para um gerenciamento democrático dos conflitos e tensões existentes na universidade, cabe à administração superior universitária tornar transparentes as dificuldades e as suas alternativas de solução, para que a participação dos diversos segmentos integrantes da organização universitária, através de suas idéias e propostas, possa estimular o debate e avaliar os processos transformadores da organização universitária.

A transformação da universidade em uma instituição mais democrática relaciona-se com a distribuição do poder e com o processo de mudanças da sociedade onde está inserida, para os quais a sua participação tem fundamental importância. Ao se organizarem de forma autônoma em sindicatos profissionais e agremiações estudantis, os integrantes da organização universitária (servidores docentes e técnico-administrativos e os estudantes) almejam unir suas forças para lutarem por maior participação no processo decisório no âmbito universitário e por transformações mais globais da sociedade no sentido de torná-la, se não mais igualitária, pelo menos um pouco mais justa. Dessa forma, a participação dos segmentos universitários — pelas suas entidades representativas, no desen-volvimento da universidade — numa dimensão política ampla em defesa dos interesses do ensino, da pesquisa e de um projeto cultural tende a possibilitar uma integração maior entre a universidade e a sociedade a qual pertence.

> *"A prática da democracia na universidade não é apenas direito da comunidade interna. É parte integrante da função acadêmica, juntamente com o ensino, a pesquisa e a extensão. Mas é preciso que esta democracia interna se faça em compromisso inalienável com a democratização crescente de toda sociedade, democratizando a própria democracia".* (BUARQUE, 1989, p. 77).

Numa administração universitária democrática pode ocorrer a internalização do processo decisório com a participação dos segmentos universitários envolvidos, legitimando e validando a decisão interna. Daí, a importância de se estabelecer mecanismos que possibilitem a atuação dos integrantes da organização universitária em todos os níveis do processo de tomada de decisões na universidade, principalmente no sistema de escolha dos seus dirigentes. Os colegiados universitários tanto superiores enquanto setoriais sãos os órgãos de representação onde os segmentos universitários, por seus representantes eleitos, podem defender as suas idéias e propostas.

A necessidade de participação dos diversos segmentos constitutivos da organização universitária na administração da universidade decorre das características inerentes à própria instituição universitária, por isso, a participação deve concretizar-se de acordo com as condições culturais e democráticas existentes no país. *"A democratização da universidade é condicionada por certos imperativos relacionados à sua vida interna e necessitados de explicação, principalmente os concernentes a suas conexões com a estrutura social".* (RIBEIRO, 1978, p. 230).

Para adquirir capacidade de intervenção no processo decisório universitário é necessário propor alternativas e lutar pela concretização delas, não ficando apenas na crítica. Esta parece ser a sistemática de luta dos organismos representativos nacionais dos servidores docentes e técnico-administrativos das universidades públicas federais. As suas propostas para um modelo de universidade pública democrática contam com o apoio das instituições representativas dos estudantes.

O Sindicato Nacional dos Docentes das Instituições de Ensino Superior - ANDES Sindicato Nacional, em documento denominado Proposta para a Universidade Brasileira e encaminhado ao Governo Federal, propõe um modelo de universidade pública baseado no trabalho coletivo, solidário e em uma formação sólida. As universidades públicas federais devem obedecer aos princípios da gestão democrática, assegurando a participação da comunidade universitária em todas as instâncias deliberativas.

Seguindo os ditames da Constituição Federal, propõe para a estrutura universitária, a gestão democrática alicerçada nos seguintes princípios: autonomia vinculada a democracia interna e garantida estruturalmente nos mecanismos de decisão, controle e gestão; garantia de padrões nacionais mínimos de salário, condições de trabalho e acesso à capacitação acadêmica; gratuidade da universidade e garantia de recursos do Estado para seu funcionamento pleno, de acordo com orçamentos elaborados de forma democrática e pública; mecanismos de avaliação do desempenho plenamente democratizados, para que a autonomia não se subordine à lógica do mercado ou ao clientelismo político; enfrentamento dos interesses organizacionais do clientelismo ou da privatização respaldado na existência de instrumentos de controle nacional, desvinculados do Poder Executivo.

Já a Federação de Sindicatos de Trabalhadores Técnico-Administrativos em Instituições de Ensino Superior Públicas do Brasil - FASUBRA Sindical, no documento intitulado Projeto para a Universidade Cidadã para os Trabalhadores, também encaminhado ao Governo Federal, defende uma universidade pública autônoma que terá como finalidade: assegurar a pluralidade e a livre expressão de orientações e opiniões; promover a participação de toda a comunidade universitária na vida acadêmica e institucional; assegurar a aplicação de métodos de gestão democrática. A universidade rege-se-á pelos seguintes princípios: interação permanente com a sociedade e o mundo do trabalho, garantida a autonomia institucional e o seu poder de decisão; gestão democrática e colegiada.

Com base no artigo 207 da Constituição Federal de 1988, a universidade pública autônoma tem por objetivo: conservar e difundir os valores éticos e de liberdade, igualdade e democracia. Sendo mantida pelo Poder Público, deve gozar de estatuto jurídico especial para atender às peculiaridades de sua estrutura, organização e financiamento.

Pelo documento supracitado, cada universidade pública autônoma elaborará o seu estatuto assegurando: estrutura acadêmica e gerencial integradas, organização da comunidade em colegiados e órgãos de direção com capacidade decisória sobre os assuntos relativos ao ensino, à pesquisa, à extensão, à administração e ao planejamento; participação paritária nos órgãos colegiados de docentes, discentes, técnico-administrativos e representantes da sociedade civil; escolha dos dirigentes universitários através de processos eleitorais democráticos e paritários; realização anual do congresso interno da comunidade universitária (democrático e paritariamente eleito) e assembléia da comunidade universitária, ambos reconhecidos como instâncias máximas de deliberação da universidade; composição paritária do conselho universitário, dos órgãos colegiados superiores e setoriais, através de eleições diretas, não sendo permitida a existência de membros natos ou vitalícios nesses colegiados; garantia de participação de representantes da comunidade científica, artística e cultural bem como dos movimentos sociais no conselho universitário; garantia de eleições diretas, democráticas e paritárias para preenchimento dos cargos de direção da universidade, sendo elegíveis: docentes, técnico-administrativos e discentes; assembléia estatuinte exclusiva, soberana e paritária.

Assim como a existência de um fórum universidade-sociedade composto por entidades culturais e científicas, com o objetivo de fortalecer o vínculo entre a universidade e as instituições sociais.

A mobilização dos segmentos integrantes da organização universitária constituindo sindicatos profissionais e diretórios de estudantes demonstra que o interesse em participar da organização universitária é a aspiração, senão de todos, pelo menos de parte deles. Isso talvez decorra da necessidade que os seres humanos modernos sentem de participarem de alguma maneira da preparação das decisões a que estão submetidos.

Na burocracia universitária, determinadas situações apresentam o risco de ocorrência de atritos e impasses administrativos que podem ser solucionados com a participação dos integrantes da organização universitária, mediante a canalização das energias individuais para a obtenção de fins coletivos. Assim, a universidade, mais do que qualquer outra instituição, não deve praticar uma administração isolada dos seus grupos constitutivos: servidores docentes e técnico-administrativos e os alunos.

Embora a tomada final de decisões caiba aos dirigentes universitários, aos segmentos integrantes da organização universitária devem ser atribuídas funções preparatórias de decisões, tais como: consultas sobre mudanças necessárias, fatos administrativos importantes e levantamentos de opiniões sobre assuntos relevantes.

A participação efetiva dos membros de uma organização pressupõe a existência de possibilidade concreta deles influenciarem a decisão, que a partir daí, passa a ser coletiva. Participar significa que o cada elemento toma parte ativa na organização, mas isso somente ocorre através da apresentação de objetivos claros e definidos, capazes de motivar a união de todos na busca de soluções comuns. Em razão da tradição administrativa implantada na universidade, onde alguns decidem enquanto os demais executam, a implantação de um processo de participação tende a ser lento.

3.5 - A DEMOCRACIA NA UNIVERSIDADE

Pela análise das normas legais, estatutárias e regimentais que definem e regulam não só a composição dos órgãos e suas atribuições como também as competências de seus ocupantes, pode-se hipotétizar que à medida que se sobe na hierarquia da organização universitária, aumenta o volume de autoridade do ocupante do cargo nas universidades públicas federais. Decorre daí que, a inexistência de envolvimento dos segmentos localizados nos níveis mais baixos da hierarquia da organização universitária impossibilitaria a existência de uma gerência participativa dos segmentos integrantes da organização universitária nos destinos da universidade.

Na estrutura organizacional universitária — originada das normas legais, estatutárias e regimentais que prescrevem as funções de planejar, organizar, coordenar, controlar e dirigir — pode ser percebido, mediante os princípios de organização caracterizados pela divisão de trabalho e hierarquia com unidade de comando e autoridade centralizada, que o poder de decisão está concentrado na administração superior, na cúpula universitária. A descrição da composição e atribuições dos diferentes órgãos universitários, constantes dos estatutos e regimentos mostra que mesmo os conselhos deliberativos setoriais, como o conselho de centro universitário tem muitas das suas decisões submetidas necessariamente à ratificação do conselho de ensino e pesquisa.

> *"Não obstante existam traços peculiares e específicos que caracterizam as instituições universitárias, a democratização da Universidade está condicionada necessariamente pela democratização na sociedade brasileira. É sabido como as relações sociais dominantes na nossa formação social denotam elementos recorrentes de autoritarismo e verticalismo que impregnam toda a vida social"*. (WANDERLEY, 1986, p. 125).

Sendo a universidade um espaço social no qual localizam-se alguns dos muitos conflitos ocorrentes na sociedade, a disputa pelo poder no seu âmbito tende a representar uma pequena amostra daquelas maiores visualizadas no meio social. Assim, o processo de transformação da universidade vincula-se àquelas transformações maiores da sociedade, resultante de um amplo processo reivindicatório, ocorrendo de maneira imbricada, com repercussões mútuas.

A universidade é uma organização educacional que tem como característica a produção de símbolos, conhecimentos e idéias capazes de configurar relações sociais, com o objetivo de proporcionar o inter-relacionamento pessoal. Assim sendo, a estrutura organizacional da universidade carece da participação dos segmentos integrantes da organização universitária no seu processo decisório.

No governo democrático e representativo da universidade, a presença de representantes e representados é fundamental. Pois os primeiros devem decidir e governar de acordo com as necessidades, desejos e interesses majoritários de seus representados. Como eleger representantes não significa certeza e garantia de atendimento dos anseios dos representados, a participação destes últimos não termina com a eleição dos primeiros, mas pelo contrário, ao eleger seus representantes, devem conservá-los sob controle. Essa concepção de democracia não é tão simples quanto a formal, por isso, torna-se necessário que a definição e a explicitação de mecanismos que facilitem a visibilidade do poder no âmbito universitário.

> *"Um outro aspecto da democratização que parece ter sido ignorada diz respeito ao controle do eleito pelo eleitor. Não basta eleições, se após a posse se permite ao eleito exercer um poder autoritário, ainda que sutil, ou descomprometido, perdendo os eleitores o poder de influir, corrompendo-se a participação em alguma forma de paternalismo"*. (SCHUCH JR., 1990, p. 141).

Na consolidação da democracia universitária, sugere-se que a administração superior nas universidades públicas federais fique a cargo do seu conselho universitário, integrado por representantes dos servidores docentes, técnico-administrativos e dos estudantes, eleitos pelas correspondentes categorias. Já o reitor e demais autoridades universitárias poderão ser escolhidos em eleições diretas e secretas, onde todos os membros integrantes da organização universitária tenham participação assegurada. É recomendável ainda que a discussão e aprovação de assuntos de extrema importância para a universidade sejam submetidos às assembléias universitárias paritárias compostas de representantes eleitos democraticamente pelos segmentos universitários.

<u>Capítulo 4</u>

SISTEMA DE ESCOLHA DOS DIRIGENTES DAS UNIVERSIDADES PÚBLICAS FEDERAIS

No capítulo anterior foi feita a caracterização   da composição e atribuições dos órgãos componentes da estrutura organizacional universitária e a verificação do processo de distribuição dos níveis de autoridade na universidade. Neste capítulo, que constitui-se no cerne do estudo empreendido, analisar-se-á o sistema de escolha dos dirigentes das universidades públicas federais a partir da legislação reguladora do ensino superior brasileiro e dos estatutos e regimentos gerais universitários com destaque para a mudança legislativa ocorrida nos anos de 1995 e 1996.

A abordagem do sistema de escolha dos dirigentes universitários tomando-se como base a estrutura organizacional existente nas universidades públicas federais, pretende-se discorrer sobre o processo de escolha dos ocupantes dos principais cargos na universidade e averiguar como se dá a participação dos segmentos integrantes da organização universitária nesse processo, ou seja, em quais casos a escolha ocorre em ambiente democrático onde os diversos segmentos atuam e contribuem para o processo de escolha, tanto para os cargos dos órgãos executivos quanto para os dos órgãos colegiados deliberativos.

4.1 - EVOLUÇÃO HISTÓRICA DA ESCOLHA DOS DIRIGENTES DAS UNIVERSIDADES FEDERAIS BRASILEIRAS

Na vigência da lei orgânica do ensino superior e fundamental da República - reforma Rivadávia Correia (Decreto n° 8.659/11), os estabelecimentos de ensino superior possuíam a prerrogativa de eleger internamente seus diretores, através de eleição realizada na congregação. Com a reforma Carlos Maximiliano (Decreto n° 11.530/15), a escolha dos dirigentes do ensino superior ficou a cargo do Presidente da República.

A administração da primeira universidade brasileira, criada pelo Decreto n° 14.343/20, estava a cargo do reitor nomeado pelo Presidente da República e do conselho universitário presidido pelo reitor, integrado pelos diretores das unidades de ensino reunidas e por seis docentes catedráticos eleitos em escrutínio secreto pelas respectivas congregações, por maioria absoluta de votos.

No estatuto das universidades brasileiras (Decreto n° 19.851/31), a administração superior das universidades federais era composta pelo reitor, o conselho universitário e a assembléia universitária. O reitor era nomeado pelo Governo Federal dentre lista tríplice de nomes organizada pelo conselho universitário que, por sua vez, era presidido pelo reitor é integrado pelos diretores das unidades de ensino, um representante de cada uma das unidades de ensino, um representante dos livres-docentes e um representante dos estudantes.

As unidades de ensino eram administradas por um diretor (também nomeado pelo Governo Federal entre nomes constantes da lista tríplice organizada pela respectiva congregação e o conselho universitário); um conselho técnico administrativo (integrado por no mínimo três e no máximo seis docentes catedráticos escolhidos pelo Ministro da Educação, a partir de lista tríplice organizada pela congregação) e uma congregação composta pelos docentes catedráticos efetivos, pelos livre-docentes em exercício de cátedra e por um representante dos livres-docentes eleito pelos seus pares. A assembléia universitária era constituída apenas pelos docentes.

A Lei n° 452/37 extinguiu as listas tríplices, pois prescreveu apenas que os dirigentes universitários seriam escolhidos dentre os docentes catedráticos e nomeados pelo Presidente da República. Com o Decreto n° 8.393/45, o reitor voltou a ser escolhido pelo Presidente da República através de lista tríplice organizada pelo conselho universitário e os diretores das unidades de ensino passaram a ser escolhidos pelo reitor, dentre os integrantes de lista tríplice preparada pelas respectivas congregações.

Foi instituído o conselho de curadores com a atribuição de controlar os atos econômico-financeiros da instituição universitária. A assembléia universitária passou a ser composta pelos docentes, técnico-administrativos e estudantes, era a forma que esses segmentos universitários tinham para acompanhar o desenvolvimento dos planos de trabalho da administração universitária. Os conselhos técnico-administrativos das unidades de ensino foram substituídos pelos conselhos departamentais constituídos pelos docentes catedráticos chefes dos departamentos de ensino.

A bandeira da reforma universitária na qual se buscava a democratização da universidade mobilizou os estudantes a participarem de enormes manifestações populares e nacionalistas, porém, com a mudança do regime político decorrente do golpe militar que implantou a ditadura no país em 1964, a luta mudou de rumo.

A Lei nº 4.464/64 reformulou a organização da representação estudantil, extinguindo a União Nacional dos Estudantes e criando o Departamento Nacional de Estudantes. No projeto Atcon foi proposta a adoção de uma estrutura organizativa e administrativa de caráter empresarial para a universidade brasileira, com a eliminação de interferência dos estudantes na administração universitária.

Já no relatório Meira Mattos foi proposto que a nomeação e demissão de reitores e diretores caberia ao Presidente da República, independente de lista ou consulta aos segmentos integrantes da organização universitária. Esses relatórios foram as fontes de inspiração para lei da reforma universitária (Lei nº 5.540/68), a qual, ao firmar as bases de reorganização do ensino superior brasileiro, estipulou que reitores e vice-reitores seriam escolhidos por intermédio de listas sêxtuplas elaboradas pelos conselhos universitário e de ensino e pesquisa. Já os dirigentes das unidades de ensino também seriam escolhidos de forma indireta, sendo submetidos ao referendo do reitor. Na estrutura organizacional, a administração superior universitária era feita através dos conselhos universitário e de ensino e pesquisa, cabendo ao conselho de curadores a aprovação das ações universitárias de caráter econômico-financeiras.

Com a abertura política iniciada na década de oitenta, as universidades públicas federais, ainda sob a vigência da lei da reforma universitária (Lei n° 5.540/68), começaram um processo de democratização interna pelo qual, revertendo as imposições decorrentes dessa lei, passaram a escolher seus dirigentes de forma democrática, baseada na participação dos segmentos universitários. Os conselhos superiores das universidades públicas federais, na elaboração das listas sêxtuplas, passaram a integrá-las pelos servidores docentes mais votados em consulta prévia paritária realizada junto aos segmentos integrantes da organização universitária, onde cada um desses segmentos possuía peso eleitoral idêntico.

As listas eram compostas de tal maneira que o primeiro nome da lista era sempre o mais votado na consulta prévia. Como na maioria dos casos o Governo Federal nomeava o primeiro da lista, a vontade dos segmentos universitários acabava prevalecendo, tornando a estratégia numa valiosa conquista. Essa conquista era um tanto frágil pois nem sempre a nomeação recaía no primeiro nome da lista sêxtupla.

A partir da década de oitenta até o advento da Lei n° 9.192/95, a escolha dos dirigentes universitários estava sendo realizada com a participação dos três segmentos integrantes da organização universitária. Algumas universidades escolhiam os seus dirigentes através do voto universal de seus servidores docentes e técnico-administrativos e dos estudantes e outras optaram pelo voto paritário desses três segmentos. Cada universidade foi moldando o processo de consulta eleitoral de acordo com a suas características.

Mediante uma intervenção centralizadora nas universidades públicas federais sob a alegação da existência de excessos nas reivindicações de paridade entre servidores docentes, técnico-administrativos e estudantes nas consultas realizadas para composição das listas sêxtuplas destinadas à escolha dos reitores, a Lei n° 9.192/95 estabeleceu que os órgãos colegiados serão constituídos de no mínimo setenta por cento de servidores docentes. No processo de escolha dos dirigentes universitários para os cargos de reitor e diretores de unidades, os candidatos terão que ser doutores ou ocupantes do último nível da classe de professor adjunto. Já na consulta prévia aos segmentos integrantes da organização universitária, prevalecerá o peso de setenta por cento para a manifestação do pessoal docente em relação às demais categorias.

Estabeleceu também a possibilidade de recondução de ocupante de cargo de dirigente universitário e o retorno às listas tríplices vigentes antes de 1968. A nova lei de diretrizes bases da educação nacional (Lei n° 9.394/96), embora afirme que as instituições públicas de educação superior obedecerão ao princípio da gestão democrática, incorporou o conteúdo previsto na Lei n° 9.192/95.

Como se observa, ao regular o processo de escolha dos dirigentes das universidades públicas federais, a Lei n° 9.192/95 instituiu a consulta prévia e determinou que os colegiados responsáveis pela elaboração da lista tríplice para a escolha de reitor e vice-reitor deverão ter no mínimo setenta por cento do total de sua composição integrada por servidores docentes. A lei de diretrizes e bases da educação nacional (Lei n° 9.394/96), estendeu a exigência a todos os colegiados universitários.

Na realização da consulta prévia, a Lei n° 9.192/95 prescreveu o peso de setenta por cento para os votos dos servidores docentes, em relação aos segmentos dos servidores técnico-administrativos e dos estudantes. Isso gerou inúmeros debates no âmbito das universidades públicas federais, já tendo, inclusive, chegado alguns casos ao Poder Judiciário onde a referida lei foi objeto de declaração incidental de inconstitucionalidade. O debate chegou também ao Congresso Nacional, onde encontra-se em discussão desde 2004, através dos Projetos de Lei do Senado n°s 147/2004(mediante o substitutivo da Câmara dos Deputados n° 01/2011) e 379/2013.

Neste ponto, frisa-se que ao criar os Institutos Federais de Educação, Ciência e Tecnologia, a Lei n° 11.892/2008 estabeleceu que no processo de escolha dos reitores dos referidos institutos, o peso de um terço para manifestação dos servidores docentes, um terço para a manifestação dos servidores técnico-administrativos e um terço para manifestação do estudantes Assim, nos citados institutos federais o processo de escolha do reitor é paritário entre os três segmentos que compõem a comunidade acadêmica.

Em consequência do debate universitário acerca da democratização da escolha dos dirigentes das entidades universitárias, na maioria das universidades públicas federais têm sido adotada nas consultas prévias para a composição das listas tríplices a equivalência entre os três segmentos universitários, através da atribuição de peso eleitoral idêntico, independente de serem numericamente diferentes. Incorporando a paridade eleitoral na escolha de seus dirigentes, onde o embate democrático e a prática política adiantou-se à legislação.

Desde que o surgimento da universidade no país, o sistema de escolha dos seus dirigentes têm passado por inúmeras mudanças normativas. Embora os reitores tenham sido sempre nomeados pelo Governo Federal, inicialmente, na vigência do estatuto das universidades brasileiras, eram escolhidos através de listas tríplices de nomes elaboradas pelos conselhos universitários. Essas listas foram extintas em 1937, porém, retornaram em 1945. Com a reforma universitária de 1968, passaram de tríplices para sêxtuplas, que em 1977 passaram a ser elaboradas por colégios eleitorais especiais constituídos pelos conselhos superiores.

Já em 1995 voltaram a ser tríplices, elaboradas pelo colegiado máximo da universidade, com a possibilidade de existência de consulta prévia, onde o segmento dos servidores docentes possui o peso de setenta por cento do total dos votos dos segmentos integrantes da organização universitária.

4.2 - O PROCESSO DE ESCOLHA DOS DIRIGENTES UNIVERSITÁRIOS

Até meados da década de quarenta, os dirigentes universitários eram nomeados livremente pelo Governo Federal. Atualmente, nos termos da legislação, o reitor é escolhido pelo Presidente da República de uma lista tríplice eleita pelos conselhos universitários superiores e os diretores de unidades acadêmicas são designados pelo reitor, dentre nomes indicados pelos seus respectivos órgãos colegiados.

Pelas Leis nºs 9.192/95 e 9.394/96, nas universidades públicas federais para a escolha dos reitores adota-se o processo de escolha indireta, no qual um colégio eleitoral formado pelo conselho universitário exclusivamente ou que o engloba, elabora uma lista tríplice de nomes a ser encaminhada ao Ministério da Educação para que o Presidente da República possa escolher e nomear um dos nomes constantes da lista. A citada legislação permite que esse processo de escolha indireta possa ser precedido de uma consulta prévia aos segmentos integrantes da organização universitária, porém, com a prevalência eleitoral dos servidores docentes que terão o peso de setenta por cento do total de votos.

4.2.1 - ÓRGÃOS COLEGIADOS DELIBERATIVOS

A composição dos conselhos superiores varia muito nas diversas universidades públicas federais. Para que se tenha uma noção de como esses órgãos superiores deliberativos constituiem-se a partir dos estatutos e regimentos gerais das organizações universitárias, tomaremos como exemplo três universidades públicas federais localizadas no Estado do Rio de Janeiro, quais sejam: Universidade Federal do Rio de Janeiro - UFRJ, Universidade Federal Fluminense - UFF e Universidade Federal Rural do Rio de Janeiro - UFFRJ. Pelas suas produções acadêmicas e o excelente nível do ensino ministrado, essas universidades são, sem sombra de dúvida, significavamente importantes no universo das instituições universitárias públicas federais brasileiras.

Na UFRJ, o conselho universitário é composto pelos ocupantes de cargos executivos (reitor, vice-reitor, pró-reitores e decanos dos centros universitários), um ex-estudante, um representante do Governo Estadual e outro do Municipal, representantes eleitos dos servidores docentes, dos servidores técnico-administrativos e dos estudantes. O conselho de ensino e pesquisa divide-se em conselho de ensino de graduação e conselho de ensino para graduados, o primeiro compõe-se do sub-reitor, representantes dos centros universitários, dos servidores docentes, dos servidores técnico-administrativos, dos estudantes, ex-estudantes e comunidade externa. Já o segundo do sub-reitor, representantes dos centros universitários, fórum de ciência e cultura, servidores docentes, servidores técnico-administrativos, estudantes, ex- estudantes e comunidade externa.

Por sua vez, o conselho de curadores compõe-se do reitor, representante do conselho universitário, Ministério da Educação, ex-estudantes e comunidade local, não possui nenhum representante eleito pelos segmentos universitários.

No caso da UFF, o conselho universitário é atualmente integrado pelo reitor, vice-reitor, ex-reitor, diretores de centro universitário e de unidade de ensino, representantes da comunidade local escolhidos pelo próprio conselho, representantes eleitos dos servidores docentes e dos estudantes. Os servidores técnico-administrativos não possuem representantes eleitos, porém, ocupa uma das vagas reservadas à comunidade.

O conselho de ensino e pesquisa compõe-se por ocupantes de cargos executivos (reitor, pró-reitores e diretores de centro universitário), representantes da comunidade local escolhido pelo próprio conselho, representantes dos servidores docentes e dos estudantes, os servidores técnico-administrativos não possuem representantes eleitos. Já o conselho de curadores é composto por representante do conselho universitário; Ministério da Educação, comunidade local, servidores docentes e dos estudantes. Não possui representante eleito pelos servidores técnico-administrativos.

Já na UFRRJ, o conselho universitário compõe-se de ocupantes de cargos executivos (reitor, vice-reitor, pró-reitores e diretores de unidades universitárias), representantes dos servidores docentes, servidores técnico-administrativos e dos estudantes. O conselho de ensino, pesquisa e extensão compõe-se pelos ocupantes de cargos executivos (reitor e vice-reitor e pró-reitores de graduação, pesquisa e pós-graduação e de extensão), representantes dos institutos e dos coordenadores de cursos, representante do colégio técnico, centro de atenção integral à criança e do campus de Campos dos Goytacazes e representantes dos servidores docentes, servidores técnico administrativos e dos estudantes.

O conselho de curadores compõe-se por representante da reitoria, Ministério da Educação, Ministério da Fazenda e representante dos coordenadores de curso, representantes dos servidores docentes, servidores técnico-administrativos e dos estudantes.

Pelos exemplos supracitados, nota-se que pelos estatutos e regimentos gerais universitários, grande parte dos membros integrantes dos conselhos superiores da instituição universitária são indicados indiretamente. O dirigente universitário nomeado para ocupar um determinado cargo é indicado também para atuar em órgão colegiado deliberativo, sem passar por nenhum processo de escolha democrática.

Dessa forma, um único indivíduo exerce tanto funções executivas quanto legislativas, acumulando, assim, dois ou mais cargos.

A acumulação de funções, além de causar confusão no exercício das atividades de caráter executivo e legislativo na universidade, permite que o processo decisório universitário se concentre nas mãos de alguns poucos ocupantes de cargos executivos. Isso pode atrapalhar o funcionamento dos conselhos superiores enquanto mecanismos de representação dos segmentos universitários pois, mesmo quando prevista nos estatutos, a participação dos representantes eleitos pelos segmentos integrantes da organização universitária nos conselhos superiores, dado seu reduzido número, causa pouco impacto nas votações realizadas no âmbito dos conselhos.

Com o advento da Lei nº 9.394/96, os órgãos colegiados setoriais de deliberação coletiva, como o conselho de centro universitário ou de coordenação, o colegiado de unidade de ensino ou congregação, a plenária departamental e o colegiado de curso de graduação ou de pós-graduação possuem entre os seus integrantes representantes dos servidores docentes e técnico-administrativos e dos estudantes. Apesar disso, alguns desses órgãos colegiados continuam sendo constituídos também por membros que não foram eleitos para a integrá-los como é o caso dos diretores de unidade de ensino na composição do conselho de centro universitário, bem como dos chefes de departamento de ensino na composição do colegiado de unidade ou congregação.

Tanto os conselhos superiores enquanto os colegiados setoriais possuem integrantes que chegaram a seus postos apenas pelo fato de terem sido nomeados para cargos executivos, não representam os segmentos universitários, pois não foram eleitos especificamente para o cargo legislativo, mas os órgãos executivos que dirigem e, portanto, a si mesmos enquanto dirigentes. Aqui ocorre uma confusão no exercício das atividades e executivas e legislativas, em prejuízo da independência que deve existir entre ambas. Os dirigentes dos órgãos executivos que possuem atribuições de executar as normas baixadas pelos colegiados deliberativos, participam também da confecção das mesmas.

4. 2. 2 - ÓRGÃOS EXECUTIVOS

Nas universidades públicas federais, a nomeação do reitor e vice-reitor compete ao Presidente da República, que os escolhe dos nomes constantes de lista tríplice elaborada por colégio eleitoral composto pelos conselhos superiores da universidade.

> *"Os processos pelos quais os dirigentes executivos das instituições acadêmicas são escolhidos é também de grande valia para se apreciar a existência de uma estratégia, ao menos formal, de democratização da estrutura de poder nessas instituições".* (BELLONI, 1986, p. 76).

De acordo com a Lei n° 9.192/95, nas universidades públicas federais, o reitor e o vice-reitor são escolhidos através de lista tríplice elaborada por colégio eleitoral composto pelos conselhos superiores e nomeado pelo Presidente da República. A regulamentação da consulta prévia aos segmentos integrantes da organização universitária, fica a cargo do conselho universitário, órgão máximo de deliberação coletiva da instituição universitária. Por essa lei, mesmo na consulta prévia, os três segmentos universitários não possuem peso eleitoral igual, a manifestação dos servidores docentes representa setenta por cento do peso eleitoral de todos os três segmentos.

Na verdade, nos termos dessa lei, a elaboração da lista tríplice para a escolha de reitor e vice-reitor compete aos conselhos superiores, que possuem amparo legal, inclusive, para impedirem que se faça consulta prévia com caráter oficial ou para desconsiderar até mesmo os resultados da consulta prévia oficial. Além disso, mesmo após a elaboração da lista tríplice, o Presidente da República pode nomear o integrante da lista que recebeu a menor votação. Foi o que ocorreu em 1998 na UFRJ, quando foi nomeado o último integrante da lista tríplice, com pouco mais de dez por cento dos votos.

O diretor e o vice-diretor de centro universitário e de unidade de ensino, o chefe de departamento de ensino e sub-chefe e o coordenador de curso e o vice são escolhidos, no âmbito de cada um desses órgãos, com base na mesmas regras previstas na Lei n° 9.192/95 e no Decreto n° 1.916/96, para a escolha do reitor e do vice-reitor.

4.3 - ACUMULAÇÃO DE REPRESENTAÇÕES E RECONDUÇÃO

Pela legislação educacional estabelecida pelas Leis nºs 9.192/95 e 9.394/96, nas universidades públicas federais a escolha dos principais dirigentes universitários realiza-se de forma indireta, pois a lista tríplice de onde se extrai o nome do reitor e do vice-reitor é elaborada por conselhos superiores. Além do mais, a maioria dos membros desses conselhos são indicados indiretamente, em razão dos cargos executivos que exercem por nomeação efetuada pelo reitor. Nem sempre são eleitos pelos segmentos integrantes da organização universitária em processo eleitoral específico.

A acumulação de representações numa única pessoa que além de ocupar um cargo executivo participa de um ou mais órgãos colegiados deliberativos, permite que o processo decisório universitário se concentre nas mãos de um reduzido número de pessoas que, às vezes, não foram eleitas democraticamente pelos segmentos universitários para ocupar nenhum desses cargos.

Nos conselhos superiores das universidades públicas federais, o número de conselheiros eleitos pelo segmentos integrantes da organização universitária, geralmente, não ultrapassa cinquenta por cento da composição total. A maior parte dos membros são ocupantes e até eles ex-ocupantes de cargos executivos que chegam aos colegiados deliberativos em função da nomeação para os cargos executivos. Daí, como possuem a atribuição de elaborar a lista tríplice para a escolha do reitor e vice-reitor, percebe-se que a administração superior da universidade tende a ser escolhida por critérios com forte propensão à política de clientela.

Pelo fato da lista tríplice com os nomes para a escolha do reitor e vice-reitor ser elaborada por colégio eleitoral integrado por conselhos superiores compostos de forma majoritária por membros ocupantes de cargos executivos nomeados pelo reitor, esse tende a exercer enorme influência sobre o colégio eleitoral, a ponto de inserir na lista somente os nomes de seu interesse, fazendo assim, o seu sucessor. No caso de recondução ao mesmo cargo prevista na Lei nº 9.192/95, a situação agrava-se pois o reitor acaba sendo escolhido por aqueles que ele nomeou para os cargos executivos e que por isso são membros dos conselhos superiores encarregados de elaborar a lista tríplice, ou seja, o magnífico reitor é escolhido por aqueles que escolheu, que nomeou para cargos executivos e que, por isso, integram o colégio eleitoral formado pelos conselhos superiores.

Se a reeleição em processo eleitoral democrático pode ser considerada como um atentado ao princípio constitucional da moralidade, por não ser juridicamente justificável a permanência no cargo do candidato à reeleição para que ele possa utilizar a máquina administrativa em seu benefício, para a sua reeleição. Mais absurdo ainda torna-se a recondução do dirigente universitário ao mesmo cargo ocupado, quando a escolha realiza-se por colégio eleitoral composto por membros que só estão nessa posição porque foram nomeados para cargos executivos pelo candidato à recondução.

Ao que parece, para esse recandidato não se aplicam os princípios referentes à moralidade e à legitimidade da escolha contra a influência do exercício do cargo na administração pública, no que concerne à utilização da máquina administrativa no período eleitoral.

4.4 - A CONSULTA PRÉVIA NA ESCOLHA DE DIRIGENTES UNIVERSITÁRIOS

A consulta prévia aos segmentos integrantes da organização universitária com o objetivo de identificar as preferências com respeito à escolha dos dirigentes universitários, que desde a década de oitenta estava sendo realizada de forma paritária, com o advento da Lei nº 9.192/95, passou a basear-se na exigência do peso de setenta por cento do total dos votos para a manifestação dos servidores docentes. A lei de diretrizes e bases da educação nacional (Lei nº 9.394/96), reafirmou a exigência. Essa previsão legal causou grande impacto no índice de abstenção na participação dos segmentos dos servidores técnico-administrativos e dos estudantes. Em algumas consultas prévias realizadas com base na disposição legal restritiva, esses segmentos universitários por seus órgãos representativos, chegaram a decidir-se pela abstenção do voto.

A comparação das consultas aos segmentos integrantes da organização universitária, para a escolha de reitor e vice-reitor, realizadas antes e após o surgimento da Lei nº 9.192/95, que estipulou peso eleitoral de setenta por cento para manifestação dos servidores docentes, demonstrou que a participação dos segmentos dos servidores técnico-administrativos e dos estudantes apresentou uma considerável redução, naquelas universidades que fizeram as consultas prévias conforme determina a referida lei.

Ao restringir o peso eleitoral dos servidores técnico-administrativos e dos estudantes a trinta por cento para a consulta prévia, a Lei nº 9.192/95 trouxe enormes danos para a participação desses segmentos na instituição universitária. A desmotivação tornou-se visível, pois participar de um processo decisório sem influenciar na decisão, não tem o menor sentido. Portanto, é compreensível que ficassem desmotivados.

O processo de consulta prévia para a elaboração da lista tríplice de nomes de onde se escolhe o dirigente universitário tem impossibilitado, nas universidades públicas federais, a problemátização das possíveis deficiências conjunturais e estruturais existentes na organização universitária. A manifestação da vontade dos três segmentos universitários na consulta prévia tem sido motivo de calorosas discussões, indo da defesa da participação quase exclusiva dos servidores docentes prevista na Lei nº 9.192/95, a defesa do voto universal para todos os segmentos. Nesses dois extremos, está a prática efetiva da maioria das universidades públicas federais que no exercício da autonomia universitária tem realizado a consulta prévia com base na paridade dos votos dos três segmentos que compõem a universidade.

> *"A defesa do voto paritário, aquele em que os três segmentos (docentes, estudantes e técnico-administrativos) tem o mesmo peso eleitoral, se insere no conjunto da luta pela autonomia universitária, no que se refere ao direito constitucional da comunidade acadêmica ser o sujeito das decisões quanto à gestão da Universidade Pública. No cenário nacional, algumas instituições federais de ensino superior já decidiram exercer plenamente essa autonomia na escolha de seus dirigentes".* (ADUFF, 2002).

Desde o início da abertura política no país, na década de oitenta, as universidades públicas federais, no exercício da autonomia universitária constitucionalmente assegurada, estavam realizando as consultas prévias para a elaboração das listas para a escolha dos seus dirigentes com a participação paritária dos três segmentos universitários, porém, com o surgimento da Lei nº 9.192/95, algumas universidades recuaram passando a adotar a fórmula antidemocrática estabelecida e depois voltaram a utilizar a participação paritária dos três segmentos universitários para a escolha dos seus dirigentes.

4.5 - A LUTA PELA DEMOCRATIZAÇÃO DA GESTÃO UNIVERSITÁRIA

Embora a estrutura organizacional adotada pelas universidades públicas federais estabeleça diferentes níveis de instâncias decisórias pelas quais norteia-se a gestão universitária, as evidentes imperfeições do processo de democratização interna da organização universitária tem dificultado a ocorrência de uma efetiva participação crítica e responsável dos segmentos universitários no processo decisório da universidade, previsto e delimitado nos seus estatutos e regimentos.

O movimento reivindicatório das organizações de servidores docentes e técnico-administrativos e das agremiações estudantis tem contribuído para tornar efetiva a autonomia com a ampliação da democracia interna na universidade pública federal, mediante a redução da interferência do Governo Federal no processo de escolha dos dirigentes universitários e maior participação dos segmentos universitários no processo decisório para dissipar as práticas autoritárias ainda existentes no âmbito da instituição universitária. *"É preciso rever a estrutura dos colegiados, em que todos os segmentos deve estar representados, garantindo a participação da comunidade universitária em todas as instâncias deliberativas".* (ADUFRJ, 2002, p. 3).

Nas universidades públicas federais, a participação das entidades representativas dos segmentos integrantes da organização universitária e até mesmo dos órgãos colegiados deliberativos nas decisões de fundamental importância para a instituição universitária tem sido menosprezada pelo reitor que procura concentrar na sua pessoa todos os encargos relacionados com a administração universitária. *"É difícil pensar em democratização da escola sem considerar a necessidade de compartilhar a sua gestão. Administração participativa envolve necessariamente a consideração de ideais democráticos".* (KERTÉSZ, 1993, p. 116).

A estatuinte reivindicada pelos segmentos integrantes da organização universitária nas universidades públicas federais para elaboração de novos estatutos visando tornar mais democrática as instâncias decisórias da universidade, em decorrência do esvaziamento do processo provocado pelos dirigentes universitários, mesmo após terem sido instaladas as assembléias estatuintes, terminou sendo inviabilizada. Dessa forma, o processo decisório e a gestão da organização universitária permaneceram reguladas por estatutos arcaicos, alguns deles surgidos, inclusive, durante o período de vigência da ditadura militar no país.

A maioria das universidades públicas federais passaram por processo de democratização interna durante a década de oitenta tornando a escolha de seus dirigentes mais democrática, apesar da oposição do regime militar que, em alguns casos, chegou até a nomear reitores *pró tempore*, considerados como interventores pelos segmentos integrantes da organização universitária.

As práticas autoritárias oriundas da ditadura militar afetaram de tal forma a organização universitária que mesmo após a democratização do país, a sua estrutura organizacional ainda restringe a participação dos segmentos universitários no processo decisório das universidades públicas federais. O sistema de escolha de dirigentes universitários previsto na Lei nº 9.192/95, mediante a elaboração de lista tríplice, representa a permanência daquelas práticas autoritárias que tem dificultado a democratização interna da universidade em prejuízo da efetividade da autonomia universitária assegurada pela Constituição Federal de 1988.

A lei de diretrizes e bases da educação nacional (Lei nº 9.394/96) prescreve que as universidades públicas federais obedecerão ao princípio da gestão democrática, assegurando a existência de órgãos colegiados deliberativos com a participação dos segmentos integrantes da organização universitária e da sociedade. Apesar disso, nem todas as instituições universitárias federais efetuaram a adaptação dos seus estatutos e regimentos aos ditames daquela lei, dificultando, assim, a efetivação da participação legalmente prevista.

A luta empreendida pelos segmentos integrantes da organização universitária para a transformação da universidade numa instituição mais democrática, é uma luta difícil cheia tropeços, recuos e avanços, mas que precisa continuar para que ocorra a democratização interna da universidade que permita a participação efetiva dos segmentos universitários nos processos decisórios, com a escolha democrática de seus dirigentes. *"As bases acadêmicas da universidade não podem ficar alheias ao processo de tomada de decisões em todos os níveis e especialmente ao sistema de indicação dos seus dirigentes.* (FREIRE, 1986, p. 15).

A democratização do processo decisório universitário mediante a participação dos segmentos integrantes da organização universitária na gestão universitária, através da escolha dos dirigentes e na composição dos diversos órgãos colegiados, pode possibilitar o surgimento de mecanismos operacionais capazes de respaldarem a ação acadêmica administrativa para a concretização dos fins sociais da universidade. Além do mais, pode propiciar um comprometimento maior dos segmentos universitários com os objetivos da universidade, na melhoria de qualidade da produção acadêmica.

Uma gestão universitária democrática e responsável que valorize a competência, talvez seja possível pela participação efetiva dos segmentos integrantes da organização universitária no processo decisório institucional, nas discussões e nas apresentações de preposições, onde a universidade seja o destaque principal. Para isso, torna-se importante a existência de um sistema de informações gerenciais que propicie o acesso permanente e direto aos procedimentos operacionais das instâncias decisórias.

Na universidade, a democracia não se resume apenas ao direito dos segmentos integrantes da organização universitária eleger seus representantes, mais que isso, abrange a possibilidade de participação responsável nas instâncias decisórias, diretamente ou elegendo representantes para ocuparem cargos nos órgãos executivos e nos colegiados deliberativos. Entendendo a representação como meio de atuação dos segmentos integrantes da universidade junto à administração universitária, torna-se necessário que a representação se efetive através de um projeto acadêmico pelo qual o representante possa orientar a sua atuação e ser cobrado no que se refere ao exercício do mandato a ele outorgado.

A democratização interna da universidade baseia-se na adoção de mecanismos organizacionais capazes de tornar possível a ampliação das práticas participativas no planejamento, orçamento e distribuição dos recursos financeiros, materiais e humanos da universidade. O envolvimento dos servidores docentes e técnico-administrativos e dos estudantes na gestão administrativa da instituição universitária pode tornar possível o aparecimento de idéias de fundamental importância para o desempenho da universidade na sua busca pela excelência acadêmica.

Como órgão máximo de deliberação coletiva da universidade, o conselho universitário constitui-se na mais importante instância decisória existente no âmbito universitário, para onde convergem as forças políticas. Por isso, no exercício de suas funções, desprende-se das questões de cunho meramente burocrático para ocupar-se das questões gerais de interesse da instituição universitária. As suas decisões irradiam-se por toda a instituição universitária. Apesar disso, a representação dos segmentos integrantes da organização universitária nesse conselho não corresponde à importância da atuação deles na universidade, ou seja, dado o pequeno número de representantes que possuem no conselho, as questões relevantes para os três segmentos universitários não são decididas por eles.

Além da representação dos segmentos integrantes da organização universitária nos conselhos superiores ser pequena, se comparado o número de conselheiros, seus representantes eleitos, aos conselheiros ocupantes de cargos executivos, ainda não existem projetos acadêmicos pelos quais os representantes possam orientarem-se para atuarem e serem cobrados no que se refere ao exercício dos mandatos outorgados.

No ponto em que encontra-se a democratização dos processos decisórios universitários, mesmo com a existência dos diversos órgãos colegiados deliberativos, constata-se que em razão da forma prevista nos estatutos e regimentos para a composição desses colegiados, o reitor continua concentrando em suas mãos a maior parcela da autoridade decisória operante na organização universitária.

O exercício do poder na universidade tem sido motivo de constantes críticas, tanto no aspecto administrativo quanto no político. Embora essas críticas possam representar pressões que tendem a incomodar a cúpula administrativa universitária, podem ser compreendidas e aproveitadas no aperfeiçoamento da gestão da universidade.

A democratização interna da universidade passa pela criação de condições capazes de possibilitar a participação dos segmentos integrantes da organização universitária nos processos decisórios universitários. Não se trata apenas de condições formais, mas eminentemente políticas.

4.6 - A ATUAÇÃO DOS SEGMENTOS UNIVERSITÁRIOS

A importância da participação ativa dos segmentos integrantes da organização universitária no processo decisório universitário, seja integrando os órgãos colegiados deliberativos ou escolhendo os dirigentes universitários, relaciona-se com a liberdade para emitir opiniões e apresentar proposições na discussão livre de questões administrativas relacionadas com a política de gestão universitária. Além disso, relaciona-se também com o compromisso de busca de soluções para questões sociais em atendimento aos anseios da sociedade, pois nas universidades públicas federais, a democracia interna decorre da conquista da autonomia universitária. *"As universidades, para serem democráticas, precisarão conquistar igualmente sua autonomia"*. (ROSAS, 1986, p. 51).

A participação dos segmentos integrantes da organização universitária no processo decisório da universidade, influenciada por fatores relacionados com procedimentos administrativos, pode ser de grande proveito parar dinamizar a atuação da instituição universitária na busca de solução para os seus problemas, bem como no desenvolvimento de atividades acadêmicas voltadas para o atendimento das demandas da sociedade. Dada a sua importância, essa participação merece ser incentivada para que possa ser cada vez mais ampliada em benefício não só da universidade, mas também da sociedade.

> *"Em outras palavras, a democratização interna do poder e da gestão de uma instituição acadêmica é um meio para a concepção de um fim. Em princípio, trata-se de não só de tornar mais eficiente e satisfatório o processo de trabalho através do qual se realiza a atividade fim, mas de realizá-lo com vistas à sua melhor adequação à realidade social em seu entorno".* (BELLONI, 1986, p. 68).

A participação dos segmentos integrantes da organização universitária no processo decisório e na gestão de universitária constitui um aspecto extremamente importante para o envolvimento e comprometimento desses segmentos com a realização do trabalho acadêmico no desenvolvimento das finalidades sociais da universidade em atendimento às demandas da sociedade na qual encontra-se em inserida.

> *"A transformação institucional da universidade passa, também, pela obtenção de uma organização cujo clima, estrutura e processos sejam coerentes com seus objetivos institucionais que são, essencialmente, democráticos. A constituição e manutenção de uma organização verdadeiramente democrática, condizente com os seus objetivos finalísticos, mediante sistemas e processos adequados à sua natureza, configura o objetivo da universidade atual".* (SCHUCH JR., 1990, p. 138).

Nas universidades públicas federais, a prática democrática se viabiliza pela participação dos segmentos integrantes da organização universitária nos processos decisórios universitários. Essa participação poderá tornar-se possível de diversas formas, entre as quais, a representação em entidades sindicais e estudantis ou nos órgãos colegiados deliberativos universitários. Autonomia universitária possui relação estreita com a democratização interna da universidade, na qual se insere a participação dos segmentos universitários nos processos decisórios e na escolha dos dirigentes.

"Afinal de contas, gestão descentralizada, ou autogestão, é autonomia em exercício efetivo, ou seja, internalização do processo decisório. E o que valida a decisão interna, em termos de legitimidade, é exatamente o seu maior ou menor grau de representatividade, o maior ou menor nível de participação, no processo, de pessoas ou segmentos universitários envolvidos". (FREIRE, 1986, p. 14).

Os segmentos integrantes da organização universitária ainda não conseguiram viabilizar o autogoverno na universidade nem tampouco desenvolver políticas voltadas para a gestão da instituição universitária. A falta de um projeto universitário capaz de tornar efetivo o controle da atuação dos dirigentes que elegem tem impedido que os objetivos de uma gestão democrática se concretize.

4.7 - A ESCOLHA DE DIRIGENTES UNIVERSITÁRIOS E A DEMOCRACIA

Em parte considerável das universidades públicas federais, o processo de elaboração de listas tríplices para a escolha de dirigentes universitários e a indicação do reitor pelo Governo Federal, ainda têm se baseado em práticas autoritárias capazes de tornar inviável o processo de democratização interna e, por conseqüência, a efetivação da autonomia universitária, assegurada constitucionalmente.

Ao estabelecer que os servidores docentes ocuparão setenta por cento dos assentos em cada órgão colegiado, a lei de diretrizes e bases da educação nacional (Lei nº 9.394/96) além de perturbar a efetivação da autonomia universitária assegurada pela Constituição Federal de 1988, trouxe enormes transtornos para o processo de democratização interna da universidade, pois ao privilegiar a participação de um dos segmentos universitários, reduziu a atuação dos outros a menos de um terço da composição dos órgãos colegiados. Os estudantes pela lei da reforma universitária (Lei nº 5.540/68) participava com um quinto ou vinte por cento da composição total do colegiado, pela referida lei dividirão com os servidores técnico-administrativos os trinta por cento dos assentos do conselho universitário, sem falar da participação dos representantes da sociedade na qual a universidade encontra-se inserida.

O colégio eleitoral responsável pela elaboração da lista tríplice de nomes de onde o Governo Federal escolhe o reitor, compõe-se dos conselhos superiores da universidade, nos quais, geralmente mais de cinquenta por cento dos conselheiros são indicados indiretamente, pois participam dos mesmos em razão dos cargos executivos que exercem. Isso tende a tornar o processo de elaboração da lista antedemocrático. Mas essa situação pode ser revertida caso a participação efetiva dos segmentos integrantes da organização universitária nos órgãos de deliberação coletiva da universidade seja assegurada por eleições democráticas e não mais em função do exercício de cargos executivos.

A análise das estruturas organizacionais das universidades públicas federais previstas nos seus estatutos e regimentos, permite afirmar que a forma pela qual a universidade se organiza estruturalmente, pelos seus órgãos executivos e colegiados deliberativos subdivididos em várias instâncias decisórias, visa tornar o desempenho operacional das práticas acadêmicas mais racional e permitir uma gestão democrática com participação dos segmentos que integram a instituição universitária. Essa estrutura organizacional possibilita que as decisões estratégicas sejam tomadas de maneira a privilegiar uma execução coordenada das atividades desenvolvidas e a demarcação da extensão do controle a ser exercido sobre elas.

> *"Toda organização possui um sistema de decisões, no qual seus elementos participam, escolhendo e decidindo dentre as alternativas, mais ou menos, racionais com que se defrontam. O governo de uma universidade envolve decisões a respeito de seus objetivos básicos e de sua missão. Estas decisões versam sobre políticas e valores que conduzem à sua missão básica, seus programas, seu desempenho e à maneira de obter mais recursos e melhor aproveitá-los".* (VAHL, 1990, p. 113).

Na organização universitária mesclam-se princípios inerentes à administração pública com fatores relacionados com a democratização interna da universidade, tais como, a consulta prévia visando a escolha dos dirigentes universitários e a participação de representantes eleitos pelo segmentos integrantes da organização universitária nos órgãos colegiados, permitindo, assim, que os interesses conflitantes se mostrem mais claramente. Talvez seja por esses elementos peculiares que a instituição universitária diferencia-se das demais burocracias públicas.

Os estatutos e regimentos gerais das universidades públicas federais estabelecem que os conselhos superiores são compostos por conselheiros indicados indiretamente, independente de processo eleitoral e de conselheiros eleitos pelos segmentos integrantes da organização universitária. Os indicados indiretamente, que constitui sempre a maioria dos conselheiros, chegam aos postos em função dos cargos executivos que ocupam ou que já ocuparam e de indicação de órgãos públicos externos à universidade. Já os conselheiros eleitos, são representante dos servidores docentes e técnico-administrativos e dos estudantes, escolhidos por seus pares através de processos eleitorais específicos.

> *"As formas como representantes docentes são escolhidos para integrar órgãos colegiados podem, também, ser consideradas como indicadores de maior ou menor democratização do processo de tomada de decisão. Os colegiados nas instituições acadêmicas têm, em geral, membros natos e membros representativos; os primeiros têm direito a participar no órgão tanto quanto em função de sua condição funcional (por exemplo, professor titular em congregações de faculdades nas Universidades autárquicas) quanto de cargos que ocupem (dirigentes e executivos — reitor, diretor e chefes — são, em geral, presidentes ou coordenadores de colegiados); os membros representantes integram um colegiado cumprindo a condição de representar uma categoria funcional ou um setor (departamento ou unidade) da instituição. Ainda que os membros natos sejam professores não se aplica a eles a condição de representantes docentes; ao contrário, sua participação é estritamente individual de representantes e, em alguns casos, poder-se-ia considerar que este tipo de participação é indicadora de estrutura decisória pouco democrática, bastante hierarquizada e centralizada. A representação docente, à qual se pode atribuir um caráter democrático, implica o cumprimento do princípio básico de que representados participem da escolha de seus representantes".* (BELLONI, 1986, p. 71/72).

A democratização interna da universidade exige que os órgãos colegiados deliberativos sejam compostos por representantes eleitos pelo segmentos integrantes da organização universitária, evitando-se as representações duplas incentivadoras da centralização das decisões, permitindo que um número maior de pessoas possam participar do processo decisório universitário, envolvendo-se diretamente na busca de soluções para os diversos problemas que afligem as universidades na contemporaneidade.

Além da participação efetiva dos segmentos integrantes da organização universitária nos órgãos colegiados deliberativos, a democracia universitária passa também pela ampliação da influência desses órgãos nas questões fundamentalmente importantes para as universidades públicas federais, através do aumento das suas funções decisórias.

O acesso às informações gerenciais da universidade pelos seus segmentos integrantes, pode tornar possível o maior envolvimento responsável deles diante da existência de possibilidade efetiva de participação no processo decisório universitário, para o qual o sistema de informações gerenciais possui uma relevância fundamental. Uma gestão universitária democrática implica na responsabilidade de participar do planejamento, desenvolvimento, controle e resultado das ações universitárias em atendimento às finalidades sociais da instituição.

Nas universidades públicas federais, o modelo de planejamento ainda está atrelado a procedimentos burocráticos, para o qual o agente responsável pela ação universitária representa apenas a fonte de dados que, de vez em quando, é utilizada no preenchimento de formulários, sem envolvimento maior no processo de discussão do plano. Em decorrência disso, não se tem notícia de que a administração universitária tem experimentado efetivamente o planejamento participativo.

CONCLUSÃO

A universidade — instituição medieval que sobreviveu, adaptou-se e prosperou na sociedade moderna — pode ser descrita como uma organização de múltiplas atividades interdependentes e peculiares, definidas de forma clara e nos limites delineados pela cultura organizacional coerente com os objetivos universitários de produzir e disseminar o saber. Para desempenhar as atividades que lhe são inerentes, interage com a sociedade na qual encontra-se inserida. A sua legitimação liga-se a processos de reprodução e de transformação social. Por isso, o seu estudo implicou em desvelar os mecanismos de poder e com os quais convive.

A universidade brasileira é um organismo social relativamente recente, se comparada com as similares estrangeiras. Isso talvez decorra das peculiaridades da colonização adotada no país. Com a organização do ensino superior realizada na década de trinta, inicia-se efetivamente a implantação das universidades brasileiras, cuja organização pedagógica apoiava-se em uma rígida burocracia educacional, orientada para a formação em padrão uniforme de profissionais nas diversas especialidades do conhecimento. Foi nesse contexto que as universidades públicas federais surgiram e passaram a contribuir de forma decisiva para a transformação cultural, social e econômica, incentivando o processo de desenvolvimento do país.

A reforma universitária colocada em prática pela ditadura militar visava tornar a administração universitária mais racional para atender exigências da política desenvolvimentista vigente, sem diminuir a rigidez organizacional. O processo de abertura política da sociedade brasileira iniciado na década de oitenta ainda não eliminou o autoritarismo estatal. As propostas estatais de reforma gerencial e administrativa visando a reorganização das universidades públicas federais, levadas a efeito a partir da implantação do plano real, baseiam-se na mesma concepção empresarial da produção acadêmica dos projetos governamentais totalitários desenvolvidos no período da ditadura militar e, por isso, tem dificultado em muito a construção de uma com universidade democrática.

A universidade é uma em organização constituída de pessoas e voltada para elas. Como instituição social, produz símbolos que tendem a influenciar o meio a que pertence, configurando e dando sentido às relações sociais e interpessoais. Assim, pode ajudar a mudar a sociedade, desde que a sua liberdade de ação permita-lhe dirigir o seu próprio destino de forma a assumir o seu papel de agente atuante no processo transformador da sociedade.

Para existir e melhor desempenhar as suas atribuições e cumprir seus objetivos, a universidade carece de autonomia capaz de proporcionar-lhe independência e flexibilidade para agir. A autonomia universitária, como faculdade da universidade autogovernar-se, remonta às origens da universidade, da qual tornou-se uma característica inerente. Por isso é que, desde o surgimento da primeira universidade brasileira, a luta dos segmentos universitários pela implementação da autonomia universitária tem sido constante. Apesar de ser uma reivindicação histórica, a autonomia universitária, mesmo constando da legislação, em razão da falta de uma política universitária que a respaldasse, jamais chegou a ser plenamente efetivada nas universidades públicas federais brasileiras.

A autonomia universitária, como requisito indispensável a atuação da universidade no desenvolvimento das suas atividades acadêmicas, visa assegurar as universidades públicas federais o seu autogoverno, para administrar os seus interesses no desenvolvimento da sua função social no que concerne ao ensino, à pesquisa e à extensão universitária. O exercício da autonomia universitária possui estreita relação com a democratização interna da universidade. Portanto, a implementação efetiva da autonomia passa também por uma efetiva prática democrática no âmbito universitário, mediante a eleição de dirigentes para os órgãos executivos e colegiados deliberativos, bem como, gestão democrática que incentive a participação dos segmentos integrantes da instituição tanto no planejamento quanto no desenvolvimento das suas ações universitárias.

As universidades públicas federais são organizações hierárquicas integradas por servidores docentes e técnico-administrativos e por estudantes, estabelecidas em função do desenvolvimento do saber. Conjugam a administração por órgãos colegiados e por órgãos executivos, numa estrutura organizacional onde tanto os órgãos executivos quanto os colegiados constituem-se em instâncias decisórias, nas quais são traçadas as estratégias de acordo com a natureza e a amplitude da ação acadêmica desenvolvida.

Na estrutura organizacional das universidades públicas federais pode ser visualizada a distribuição dos níveis de autoridade que forma a hierarquia das instâncias decisórias previstas nas normas legais, estatutárias e regimentais. Pela análise da composição dos órgãos universitários, observou-se que os conselhos deliberativos superiores, na maioria das vezes, são integrados por ocupantes de cargos executivos sem que tivessem sido eleitos especificamente para ocupar o cargo deliberativo ou são nomeados diretamente pelo reitor ou ainda, através de interferência do reitor, de forma que as funções exercidas fiquem ligadas e submetidas ao comando da reitoria. Isso propicia aliciamentos, cooptações ou coações que leva à manipulação dos conselhos superiores pela reitoria, podendo reduzi-los a entes homologatórios de suas decisões. Essas articulações de cúpula decorrem do formalismo do processo decisório constante dos estatutos e regimentos universitários que por ainda não terem sido adaptados ao princípio da gestão democrática previsto na lei de diretrizes e bases da educação nacional (Lei nº 9.394/96), protegem a autoridade ao invés das bases organizacionais.

A maioria das decisões universitárias concentram-se na reitoria, no conselho universitário e no conselho de ensino e pesquisa. Isso significa que grande parte das decisões administrativas e acadêmicas importantes para os diversos setores acadêmicos são tomadas, não por eles, mas pela cúpula universitária. Os conselhos deliberativos setoriais, como o conselho de centro universitário tem muitas das suas decisões submetidas necessariamente à ratificação do conselho de ensino e pesquisa. Embora aparente o comprometimento de um maior número de pessoas nas deliberações, a multiplicação dos órgãos colegiados propiciou um alargamento da área de manobra dos arranjos da cúpula universitária.

Tanto na administração superior quanto na setorial, os cargos executivos e deliberativos são ocupados através de nomeações diretas do reitor ou escolhidos dentre listas tríplices, o que demonstra a existência de um elevado grau de concentração da autoridade no âmbito universitário. Apesar da autoridade se distribuir formalmente nos diferentes níveis hierárquicos da estrutura organizacional universitária, na prática, ela se torna ampla nos níveis superiores enquanto diminui na base.

Pela análise das normas estatutárias e regimentais universitárias, observou-se que o dirigente universitário nomeado para ocupar um determinado cargo executivo atua também em um ou mais órgãos colegiados deliberativos, sem passar por nenhum processo eleitoral onde a escolha seja democrática, às vezes, não é eleito democraticamente pelos segmentos universitários para ocupar nenhum desses cargos. Assim, um único indivíduo que exerce um cargo executivo acumula um ou mais cargos em órgãos deliberativos. Essa acumulação de funções, além de causar confusão no exercício das atividades de caráter executivo e legislativo na universidade, permite que o processo decisório universitário se concentre nas mãos de alguns poucos ocupantes de cargos executivos. Além disso, mesmo quando prevista nos estatutos, a participação dos representantes eleitos pelos segmentos integrantes da organização universitária nos conselhos superiores, em razão de seu número reduzido, causa pouco impacto no resultado das votações realizadas no âmbito daqueles conselhos.

Os conselhos superiores são compostos por conselheiros indicados indiretamente, independente de processo eleitoral e de conselheiros eleitos pelos segmentos integrantes da organização universitária. Os indicados indiretamente que constituem sempre a maioria dos conselheiros, chegam aos postos em função dos cargos executivos que ocupam ou que já ocuparam e de indicação de órgãos públicos externos à universidade. Já os conselheiros eleitos, são representantes dos servidores docentes e técnico-administrativos e dos estudantes, escolhidos por seus pares através de processos eleitorais específicos.

Nas universidades públicas federais tanto os conselhos superiores quanto os colegiados setoriais são compostos por integrantes que chegaram a essas posições apenas pelo fato de terem sido nomeados para cargos executivos. Por não terem sido eleitos especificamente para atuarem nos colegiados deliberativos, não representam os segmentos universitários, mas os órgãos executivos que dirigem e, portanto, a si mesmos enquanto dirigentes. Aqui ocorre uma confusão no exercício das atividades executivas e legislativas, em prejuízo da independência que deve existir entre ambas. Possuindo a atribuição de atuar na execução das normas baixadas pelos colegiados deliberativos, os dirigentes dos órgãos executivos participam também na confecção das mesmas normas.

Nos termos das Leis nºs 9.192/95 e 9.394/96, a escolha dos dirigentes das universidades públicas federais realiza-se de forma indireta, pois a lista tríplice de onde se extrai o nome do reitor e do vice-reitor é elaborada pelos conselhos superiores onde o número de conselheiros eleitos pelos segmentos integrantes da organização universitária, geralmente, não ultrapassa cinquenta por cento da composição total. Além do mais, a maior parte dos membros são ocupantes ou ex-ocupantes de cargos executivos que chegam aos colegiados deliberativos em razão dos cargos executivos que exercem por nomeação efetuada pelo reitor.

A elaboração de lista tríplice com os nomes para escolha do reitor e vice-reitor por colégio eleitoral integrado por conselhos superiores compostos majoritariamente por conselheiros detentores de cargos executivos nomeados pelo reitor, possibilita que o colégio eleitoral fique sob a sua influência, permitindo que o mesmo interfira na escolha do seu sucessor. Na recondução ao mesmo cargo autorizada pela Lei nº 9.192/95, aqueles que o reitor nomeou para os cargos executivos colocam-no na lista tríplice para a recondução, ou seja, o magnífico é escolhido por conselheiros que nomeou para integrar o colégio eleitoral.

Ao regular o processo de escolha dos dirigentes das universidades públicas federais, a Lei nº 9.192/95 determinou que tanto quanto nos colegiados pela elaboração da lista tríplice a para a escolha reitor e vice-reitor o peso da manifestação dos servidores docentes será equivalente a setenta por cento do total dos votos dos três segmentos universitários, essa exigência representou um retrocesso para o exercício da autonomia universitária nas universidades públicas federais que até então estavam realizando consulta prévia para a escolha dos seus dirigentes com a participação democrática dos seus segmentos integrantes.

Apesar da estrutura organizacional das universidades públicas federais estabelecer diferentes níveis de instâncias decisórias pelas quais a gestão universitária norteia-se, as imperfeições do processo de democratização universitária tem tornado inviável a efetiva participação crítica e responsável dos segmentos universitários no processo decisório universitário. Por isso, o autogoverno na universidade e o desenvolvimento de políticas voltadas para a gestão universitária é tem sido inviabilizados pela inexistência de um projeto universitário capaz de concretizar os objetivos de uma gestão universitária democrática, baseada na participação dos segmentos universitários.

Em razão da forma prevista nos estatutos e regimentos para composição dos diversos órgãos colegiados deliberativos, a maior parcela da autoridade decisória operante na organização universitária continua nas mãos de alguns dirigentes universitários. A luta dos segmentos integrantes da organização universitária pela democratização interna da universidade, apesar das dificuldades, precisa continuar para que a gestão universitária participativa se torne realidade, propiciando o surgimento de mecanismos operacionais capazes de amparar a ação acadêmica na busca de alternativas administrativas que facilite a concretização dos fins sociais da universidade.

A democracia na universidade não se resume apenas no direito dos segmentos integrantes da organização universitária eleger seus dirigentes. Abrange a possibilidade de participação responsável nas instâncias decisórias, diretamente ou através de representação dos órgãos executivos e colegiados deliberativos, baseada em um projeto acadêmico pelo qual o representante possa orientar a sua atuação e ser cobrado no que se refere ao exercício do mandato a ele outorgado.

Para a consolidação da democracia nas universidades públicas federais, sugere-se que os órgãos colegiados deliberativos sejam compostos paritariamente por representantes eleitos dos servidores docentes e técnico-administrativos e dos estudantes, evitando-se as representações duplas. Escolha direta do reitor e demais autoridades universitárias pelos segmentos integrantes da organização universitária. É recomendável ainda que a discussão e aprovação de assuntos de extrema importância para a universidade sejam submetidos às assembléias universitárias paritárias compostas por representantes eleitos democraticamente pelos segmentos universitários.

REFERÊNCIAS BIBLIOGRÁFICAS

ADUFF S. Sind. - Associação dos Docentes da Universidade Federal Fluminense - Seção Sindical da ANDES Sindicato Nacional. Regimento Geral. (www.aduff.org.br).

______. Em Defesa de Eleições Democráticas na UFF. Panfleto, 2002.

ADUFRJ S. Sind. - Associação dos Docentes da Universidade Federal do Rio de Janeiro - Seção Sindical da ANDES Sindicato Nacional. Regimento Geral. (www.adufrj.org.br).

______. Para Democratizar a UFRJ. Jornal da ADUFRJ. Rio de Janeiro, 11 mar. 2002. Encarte Especial Eleição para Reitor, p. 3.

ADUR-RJ S. Sind. - Associação dos Docentes da Universidade Federal Rural do Rio de Janeiro - Seção Sindical da ANDES Sindicato Nacional. Regimento Geral. (www.adur-rj.org.br)

ANDES Sindicato Nacional - Associação Nacional dos Docentes do Ensino Superior. Proposta para a Universidade Brasileira. Brasília: Cadernos ANDES nº 2, 3ª ed. atual. e rev., out., 2003. (www.andes.org.br)

ANDIFES - Associação Nacional dos Dirigentes das Instituições Federais de Ensino Superior. Proposta de Anteprojeto de Lei Orgânica das Universidades Públicas. (www.anfifes.org.br)

ÁVILA, Vicente Fideles de. A Pesquisa na Vida e na Universidade. 2ª ed. rev. Campo Grande: Editora da UFMS, 2000.

BELLONI, Isaura. Democracia na Universidade: Democratização do Acesso, da Gestão e dos Resultados (As Percepções de Alunos e Professores e Algumas Interrogações). Revista Educação Brasileira: CRUB, v. 8, nº 17, p. 57-93, 2º sem. 1986.

______. Função da Universidade: Notas para Reflexão. In: Brandão, Zaia et al. Universidade e Educação. Campinas: Papirus: Cedes; São Paulo: Ande: Anped, p. 71-78, 1992.

BELMONT, Vânia Lúcia e Cesar Filho, Marcos Clemente. Da Responsabilidade Financeira do Poder Público com a Educação: Inteligência do Art. 60 das Disposições Constitucionais Transitórias – Uma Proposta de Atuação

Universitária. In: Autonomia Universitária: Estudos e Pareceres. Niterói: EDUFF, p. 39-45, 1989.

BRASIL. Congresso Nacional. Constituição Federal de 1988. Propostas de Emenda Constitucional nºs 370/96, Projetos de Leis do Senado nºs 147/2004(Substitutivo da Câmara dos Deputados nº 01/2011) e 379/2013. Leis nºs 452/37, 8.393/45, 4.024/61,5.540/68, 6.420/77, 7.177/83, 9.192/95, 9.394/96 e 11.892/2008. (www.senadofederal.gov.br).

______. Presidência da República. Decretos-leis nºs 53/66 e 252/67. Medida Provisória nº 33/89. Decretos nºs 8.659/11, 11.530/15, 14.343/89, 1.916/96, 2.207/97 e 6.986/2009. (www.planalto.gov.br).

______. Ministério da Educação.Projeto de Lei - Autonomia para as Universidades Federais. Jornal da AUFRJ. Rio de Janeiro, Encarte Autonomia, p. 9-12, 29 jul., 2002.

BUARQUE, Cristovam. Na Froneira do Futuro: O Projeto da UnB. Brasília: Editora da UnB, 1989.

CARDOSO, Irene de Arruda Ribeiro.A Universidade da Comunhão Paulista.São Paulo: Cortez, 1982.

CUNHA, Luiz Antonio. Qual Universidade? São Paulo: Cortez, 1989. (Coleção Polêmicas do Nosso Tempo, v. 31).

______. Universidadade Temporã: O Ensino Superior da Colônia à Era Vargas. Rio de Janeiro: Civilização Brasileira, 1980.

______. A Universidade Reformanda. Rio de Janeiro: Francisco Alves, 1988. (Coleção Educação em Questão).

______ e GÓIS, Moacyr de. O Golpe na Educação. Rio de Janeiro: Zahar, 1985.

DEMO, Pedro. A Nova LDB: Ranços e Avanços. 7ª ed. Campinas: Papirus, 1998. (Coleção Magistério: Formação e Trabalho Pedagógico).

FAGUNDES, José. A Universidade Brasileira e a Autonomia Adiada. Educação em Revista. Belo Horizonte: Revista Semestral da Faculdade de Educação da UFMG. anoI, nº 2, p. 35-38, dez., 1985.

______.A Função Social da Universidade Medida pela Extensão. Revista Educação Brasileira. Brasília: CRUB, ano 8, nº 17, p. 103-111, 2º sem., 1986.

FASUBRA Sindical - Federação de Sindicatos de Trabalhadores Técnico-Administrativos em Instituições de Ensino Superior Públicas do Brasil. Projeto Universidade Cidadã para os Trabalhadores. (www.fasubra.org.br).

FREIRE, Eduardo De Lamonica. A Descentralização e a Participação no Processo de Democratização da Universidade Brasileira. In: Revista Educação Brasileira. Brasília: CRUB, ano 8, n° 16, p. 13-17, 1° sem., 1986.

FREITAG, Bárbara. Escola, Estado e Sociedade. 4ª ed. rev., São Paulo: Moraes, 1980. (Coleção Educação Universitária).

GOERGEN, Pedro L. A. A Universidade, Sua Estrutura e Função. Educação & Sociedade. Revista Quadrimestral de Ciências da Educação. Campinas: Cortez, Autores Associados, ano I, n° 2, p. 47-59, jan., 1979.

KÉRTÉSZ, Izabella. Gestão Compartilhada: Aspectos Teóricos e Práticos. In: Gestão Compartilhada na Escola Pública: O Especialista na Construção do Fazer Saber Fazer. WITTMANN, Lauro Carlos e CARDOSO, Jarbas José(Orgs.). Florianópolis: AAESC: ANPAE/SUL, 3ª parte, p. 110-129, 1993.

LIMONGI, Dante Braz. Atualidade da Autonomia Universitária(CF., Art. 207). Revista Direito, Estado e Sociedade. Rio de Janeiro, v. 9, n° 17, p. 31-40, ago./dez., 2000.

MARTINS FILHO, Antônio. Autonomia das Universidades Federais. In: Autonomia da Universidade Brasileira: Vicissitudes e Perspectivas. MARTINS, Geraldo Moisés e NICOLATO, Maria Auxiliadora(Orgs.). Brasília: CRUB, Estudos e Debates n° 3, p. 21-41, 1980.

MERELLES, Hely Lopes. Direito Administrativo Brasileiro.14ª ed. atual. pela Constituição de 1988. São Paulo: Editora Revista dos Tribunais, 1989.

MELLO, Celso Antonio Bandeira de.Curso de Direito Administrativo. 11ª e. rev., atual. e ampl. São Paulo: Malheiros, 1999.

MINOGUE, Kenneth R. O Conceito de Universidade. Tradução de Jorge Eira Garcia Vieira. Brasília: Editora da UnB, 1981.

PELLEGRINI, Marlou Zanella. Administração Participativa: Da Teoria à Práxis. In: Revista Brasileira de Administração da Educação. Porto Alegre: ANPAE, v. 4, n° 2, p. 124-128, jul./dez., 1986.

PIMENTA, Aluísio. Universidade: A Destruição de uma Experiência Democrática. 3ª ed. Rio de Janeiro: Vozes, 1985.

REIS, Antonio Carlos Palhares Moreira. A Universidade no Brasil e em Pernambuco: Antecedentes Históricos. Revista de Informação Legislativa. Brasília, ano 28, n° 111, p. 375-392, jul./set., 1991.

REZENDE, Antonio Muniz de. O Saber e o Poder na Universidade: Dominação ou Serviço? 4ª ed. São Paulo: Cortez, 1986.

RIBEIRO, Darcy. A Universidade Necessária. 3ª ed. Rio de Janeiro: Paz e Terra, 1978.

ROSAS, Paulo. O Processo de Democratização nas Instituições de Ensino Superior. In: Revista Educação Brasileira. Brasília: CRUB, ano 8, n° 16, p. 37-53, 1° sem., 1986.

SCHUCH JR., Vitor. A Questão dos Objetivos Institucionais da Universidade. In: Revista Educação Brasileira. Brasília: CRUB, ano 12, n° 2, p. 129-147, jul./dez., 1990.

SILVA NETO, Mateus Antonio da. Concepções de Universidade: Uma Perspectiva Fenomenológico-Existencial Hermenêutica. Maranhão: EdiCEUMA, 1999.

TRAGTENBERG, Maurício. Sobre Educação, Política e Sindicalismo. 2ª ed. São Paulo: Cortez, 1990.

TRINDADE, Hélgio. Saber e Poder: Os Dilemas da Universidade Brasileira. In: Revista Estudos Avançados. São Paulo: IEA/USP, v. 14, n° 40, p. 122-132, set./dez., 2000.

UFC-Universidade Federal do Ceará. Estatuto e Regimento Geral. (www.ufc.br).

UFAC-Universidade Federal do Acre. Estatuto e Regimento Geral. (www.ufac.br).

UFAL-Universidade Federal de Alagoas. Estatuto e Regimento Geral. (www.ufal.br).

UFAM-Universidade Federal do Amazonas. Estatuto e Regimento Geral. (www.ufam.edu.br).

UFBA-Universidade Federal da Bahia. Estatuto e Regimento Geral. (www.ufba.br).

UFES-Universidade Federal do Espirito Santo. Estatuto e Regimento Geral. (www.ufes.br).

UFF-Universidade Federal Fluminense. Estatuto e Regimento Geral. (www.uff.br).

UFG-Universidade Federal de Goiás. Estatuto e Regimento Geral. (www.ufg.br).

UFMA-Universidade Federal do Maranhão. Estatuto e Regimento Geral. (www.ufma.br).

UFMG-Universidade Federal de Minas Gerais. Estatuto e Regimento Geral. (www.ufmg.br).

UFMS-Universidade Federal de Mato Grosso do Sul. Estatuto e Regimento Geral. (www.ufms.br).

UFMT-Universidade Federal de Mato Grosso. Estatuto. (www.ufmt.br).

UFPA-Universidade Federal do Pará. Estatuto e Regimento Geral. (www.ufpa.br).

UFPB-Universidade Federal da Paraiba. Estatuto e Regimento Geral. (www.ufpb.br).

UFPE-Universidade Federal de Pernambuco. Estatuto e Regimento Geral. (www.ufpe.br).

UFPI-Universidade Federal do Piauí. Estatuto e Regimento Geral. (www.ufpi.br).

UFPR-Universidade Federal do Paraná. Estatuto e Regimento Geral. (www.ufpr.br).

UFRGS-Universidade Federal do Rio Grande do Sul. Estatuto e Regimento Geral. (www.ufrgs.br).

UFRJ-Universidade Federal do Rio de Janeiro. Estatuto e Regimento Geral. (www.ufrj.br).

UFRN-Universidade Federal do Rio Grande do Norte. Estatuto e Regimento Geral. (www.ufrn.br).

UFRR-Universidade Federal de Roraima. Estatuto e Regimento Geral. (www.ufrr.br).

UFRRJ-Universidade Federal Rural do Rio de Janeiro. Estatuto e Regimento Geral. (www.ufrrj.br).

UFS-Universidade Federal de Sergipe. Estatuto e Regimento Geral. (www.ufs.br).

UFSC-Universidade Federal de Santa Catarina. Estatuto e Regimento Geral. (www.ufsc.br).

UNB-Universidade de Brasília. Estatuto e Regimento Geral. (www.unb.br).

UNIFAP-Universidade Federal do Amapá. Estatuto e Regimento Geral. (www.unifap.br).

UNIFESP-Universidade Federal de São Paulo. Estatuto e Regimento Geral. (www.unifesp.br).

UNIR-Universidade Federal de Rondônia. Estatuto e Regimento Geral. (www.unir.br).

UFT-Universidade Federal do Tocantins. Estatuto e Regimento Geral. (www.uft.br).

VAHL, Teodoro Rogério. O Processo Decisório e a Gestão das Universidades Federais Brasileiras. In: Revista Educação Brasileira. Brasília: CRUB, ano 12, nº 2, p. 107-127, jul./dez., 1990.

VERGARA, Sylvia Constant. A Autonomia da Universidade e a Nova República. Forum Educacional. Rio de Janeiro: Fundação Getúlio Vargas, v. 12, nº 2, p. 68-94, abr./jun., 1988.

WANDERLEY, Luiz Eduardo W. O que é Universidade? 6ª ed. São Paulo: Brasiliense, 1986.